LIBERAIS E ANTILIBERAIS

BOLÍVAR LAMOUNIER

Liberais e antiliberais
A luta ideológica do nosso tempo

1ª reimpressão

COMPANHIA DAS LETRAS

Copyright © 2016 by Bolívar Lamounier

Grafia atualizada segundo o Acordo Ortográfico da Língua Portuguesa de 1990, que entrou em vigor no Brasil em 2009.

Capa
Gustavo Soares

Preparação
Andressa Bezerra Corrêa

Índice onomástico
Luciano Marchiori

Revisão
Valquíria Della Pozza
Isabel Cury

Dados Internacionais de Catalogação na Publicação (CIP)
(Câmara Brasileira do Livro, SP, Brasil)

Lamounier, Bolívar
　Liberais e antiliberais : a luta ideológica do nosso tempo / Bolívar Lamounier. — 1ª ed. — São Paulo : Companhia das Letras, 2016.

Bibliografia
ISBN 978-85-359-2833-4

　1. Brasil – Política e governo – História 2. Ideologia – História 3. Intelectuais e política I. Título.

16-07976　　　　　　　　　　　　　　CDD-320.98106

Índice para catálogo sistemático:
1. Brasil : Política e governo　　　　320.98106

[2017]
Todos os direitos desta edição reservados à
EDITORA SCHWARCZ S.A.
Rua Bandeira Paulista, 702, cj. 32
04532-002 — São Paulo — SP
Telefone: (11) 3707-3500
www.companhiadasletras.com.br
www.blogdacompanhia.com.br
facebook.com/companhiadasletras
instagram.com/companhiadasletras
twitter.com/cialetras

Sumário

Agradecimentos 9
Apresentação 11

Introdução 15
1. *Homo politicus* (ídolos da tribo) 27
2. Ideologia e realidade (ídolos da caverna) 48
3. Identificação, recriação e purificação (ídolos do teatro) 64
4. Conceito de democracia (ídolos do mercado) 83

Bibliografia comentada 117
Bibliografia geral 131
Índice onomástico 141

A vida privada morreu na Rússia. A história matou-a.
O inquisidor Strelnikov repreende o poeta Jivago

E agora, José?
a noite esfriou,
[...]
o riso não veio,
não veio a utopia
[...]
e agora, José?

Drummond de Andrade

Agradecimentos

Quero aqui consignar meu agradecimento a Antônio Octávio Cintra, Maria Tereza Sadek, Mário Brockmann Machado, Mário Miranda Filho e Marly Peres, que me incentivaram a escrever esta obra e fizeram valiosos comentários ao manuscrito. Ressalvo que é exclusivamente minha, naturalmente, a responsabilidade por erros e impropriedades que tenham permanecido. Agradeço também aos profissionais da Companhia das Letras, em particular a Flávio Moura, por seu excelente trabalho em todas as fases da publicação.

Apresentação

Meu objetivo neste livro é pôr em relevo os fundamentos do conhecimento político in actu, entendendo por tal não apenas a ciência política acadêmica, mas primeiro e sobretudo os elementos cognitivos das três grandes ideologias do século xx — liberalismo, de um lado, marxismo e fascismo, do outro.[1] Pressuponho que, mesmo nos países mais adiantados, os agentes políticos e os segmentos mais politizados da sociedade frequentemente *font de la prose sans le savoir*, pois é através de uma combinação das grandes ideologias com o conhecimento academicamente elaborado que eles apreendem o entorno no qual se movem e sobre o qual atuam.

A ideia de atualidade no subtítulo do livro tem duplo sentido: contemporâneo e in actu, o oposto de potencial, indicando tratar-se de conceitos e imagens a que um grande número de in-

1. Em que pese seu importante progresso na segunda metade do século xx, a ciência política acadêmica responde por uma fração apenas do conhecimento in actu e não poderia ser de outra forma, já que se trata de um instrumental pouco acessível à maioria dos cidadãos.

divíduos de fato recorre para se orientar dentro do (ou em relação ao) sistema político. Muitas obras examinam as bases teóricas de determinada área a partir de um princípio fundamental, ou de um autor — ou conjunto de autores — considerado seminal. Eu me esforçarei por fazê-lo de forma incidental, avaliando criticamente o conhecimento produzido em quatro áreas temáticas por meio de certas abordagens características.

O que denomino cerne cognitivo de uma ideologia pode ser entendido como um conjunto de sensores — *templates*, "programas" ou modelos de análise —, em graus variáveis de abstração, constituídos em parte através do aprendizado formal e em parte pela evocação de situações vividas — entre outras fontes. Tais "programas" não são totalmente racionais; ao contrário, o normal é encontrá-los linguisticamente associados a emoções, valores, sentimentos e ressentimentos. A boa compreensão de tais elementos requer um balizamento hermenêutico consistente; recorrerei para tanto à teoria dos ídolos de Bacon, explicada na Introdução.

Os conhecimentos hoje disponíveis sobre os 75 anos da experiência soviética deitaram por terra a visão relativamente benévola de certos círculos a respeito do marxismo, tido como uma doutrina "humanista" e em tese democrática, ao contrário do fascismo, inapelavelmente condenado como um mero culto do irracional e da violência. Tanto no plano ideológico quanto no da história real — como regimes, ideologias —, ambos foram e são hostis às bases filosóficas e às instituições da liberal-democracia. A interpretação preponderante hoje é a de que as diferenças entre ambos são muito menores do que os marxistas, em particular, se empenhavam em fazer crer. Em relação aos judeus, é certo que a malignidade nazifascista atingiu o limite do concebível, mas não cabem mais dúvidas quanto ao caráter totalitário dos experimentos hitlerista e soviético, sendo completamente descabido especular que um tenha sido mais democrático ou seja mais compatível com os valores da democracia do que o outro.

De fato, podemos afirmar sem temor a erro que democracia × totalitarismo foi a antinomia ideológica e política fundamental do século xx. O fascismo desapareceu praticamente como força política organizada no transcurso da Segunda Guerra Mundial, mas o marxismo — mais ou menos confinado ao âmbito europeu até essa guerra — expandiu-se a partir de 1945, foi reforçado pela Revolução Chinesa de 1949 e ganhou dimensão planetária no contexto da Guerra Fria.

O quadro acima esboçado nada tem de original: começou a ser exposto já ao fim da Segunda Guerra por filósofos, cientistas políticos e historiadores da mais alta estirpe, entre os quais Cassirer, Popper, Aron e Lilla, cujo trabalho foi desde então enriquecido por um grande número de estudos teóricos e por pesquisas específicas sobre regimes e autores específicos, indicados na Bibliografia Comentada.

O que me levou a retomar a temática precedentemente delineada foi a continuidade de certas ameaças à democracia no mundo contemporâneo — ameaças alimentadas em larga medida por ingredientes ideológicos, simbólicos e religiosos. O pano de fundo da inquirição é o desaparecimento do fascismo e o colapso da urss e de seus satélites no Leste Europeu na virada do século xx para o xxi. Em retrospecto, é fácil perceber que esse segundo acontecimento deu ensejo a um otimismo exagerado e a diversos equívocos de avaliação, como os consubstanciados nas expressões "fim da história" e "universalização da democracia". Tentando situar-me numa perspectiva mais sóbria, mantenho que a democracia permanece globalmente vulnerável a pelo menos três riscos: a corrosiva hostilidade de uma parcela dos cidadãos às instituições da democracia representativa; um "ideologismo" por vezes exaltado e virulento, embora não monolítico e de alcance mundial como o foi no passado o marxismo-leninismo; e o terrorismo internacional, notadamente aquele patrocinado pelo fundamentalismo islâmico. O potencial disruptivo desses riscos varia naturalmente de um país para outro, mas não há como descartar a possibilidade de certa sinergia entre os três, mesmo em alguns países do Primeiro Mundo. Sobre sinergias, é importante lembrar que em certos países a corrupção agudizou a hostilidade às instituições democráticas e, em outros, movimentos guerrilheiros de esquerda se aliaram ao narcotráfico.

A organização do livro decorre diretamente da natureza dos temas tratados. Não sendo um estudo lógico-formal, a estrutura não pode ser dedutiva, cartesiana; mas tampouco se trata de estudar uma hipótese factual particular, a ser explorada a partir de um conjunto específico de dados, segundo os métodos da ciência social empírica. À falta de uma descrição melhor, ocorre-me compará-la aos *Quadros de uma exposição,* obra do compositor russo Mussorsgki: uma sequência de quadros bastante diferentes entre si, mas interligados por um insistente fio melódico — no caso, a contraposição liberalismo × antiliberalismo como um dos principais fundamentos do conhecimento político.

Introdução

O PIONEIRISMO DE GRAHAM WALLAS

No livro *Human Nature in Politics*, publicado em 1908, o deputado inglês Graham Wallas criticou a tendência, à época muito difundida, de imaginar que políticos pudessem encarnar o padrão de racionalidade, devoção ao bem comum e virtude cívica postulado pelos filósofos do século XVIII. Políticos — ele escreveu — representam a natureza humana como ela é, com seus defeitos e qualidades. Nem mais nem menos.

Wallas foi o primeiro a destacar o fosso que se abrira entre a política real que se desenrola no Parlamento e noutros órgãos do Estado e a percepção dela por parte da opinião pública. De fato, o Iluminismo criara a noção psicologicamente superficial de um cidadão filosofante, que nada tinha a ver com os cidadãos de carne e osso. Reflexões realistas sobre tal discrepância demoraram a aparecer, a de Wallas tendo sido pioneira e uma das mais instigantes.

VERTENTES DO ANTILIBERALISMO

Hoje sabemos que o fenômeno descrito por Wallas não era especificamente inglês, nem passageiro. Apareceu como uma reação a disfunções características dos estágios iniciais da democracia representativa, mas questionamentos semelhantes continuam a se manifestar por toda parte, em duas vertentes nitidamente diferenciadas: uma, como já se notou, referente às atitudes do cidadão comum em relação ao funcionamento das instituições, sobretudo dos legislativos e partidos políticos; e outra, mais propriamente filosófica, que se refere à ideologia liberal e ao mundo moderno.

O azedume da primeira vertente contra as instituições políticas — não raro agudizado por uma parte da imprensa, do clero e dos meios universitário e intelectual — tem sido regularmente pesquisado por entidades acadêmicas de todo o mundo, mas é difícil dizer se existe um consenso quanto a suas causas e formas características. Os antídotos administrados, de eficácia duvidosa, têm sido basicamente reformas institucionais, concentrando-se principalmente nos sistemas partidários e eleitorais. Tudo faz crer que o cidadão comum quer a ordem, quer um Estado capaz de mantê-la, não deseja a diluição ou a destruição do poder, muito menos experiências anarquistas tresloucadas, mas despreza a "política" no sentido comumente atribuído ao termo e não hesitaria em acabar com ela se soubesse como fazê-lo. Ou seja, valoriza a finalidade última do Estado, mas abomina o meio pelo qual ele atua, que é o sistema político.

Na raiz desse sentimento parece haver também um fator psicológico — o desconforto do cidadão comum diante de certas exterioridades da política, cujas funções ele não chega a compreender muito bem: a luta dos políticos pelo controle dos partidos e das chapas eleitorais; o labirinto das táticas do combate parlamentar; a retórica quase sempre entediante e o caráter vago ou francamente inexequível da maioria das promessas feitas durante as campanhas; entre outras.

A segunda vertente nutre-se de ideias filosóficas e estéticas mais abrangentes e muito mais radicais. Formou-se no bojo das grandes transformações que tiveram lugar na Europa desde o século XVIII: *nas bases materiais da sociedade*, a Revolução Industrial e o conflito de classes; *na esfera do Estado e do Direito*, a transição do Absolutismo ao Estado Constitucional; *no plano da cultura e da arte*, a chamada "idade da ideologia" e o advento do Romantismo; e sob o decisivo influxo da obra de Jean-Jacques Rousseau.

Carregada de utopia, essa segunda vertente pretende erradicar as instituições políticas existentes, levando de roldão todo o sistema liberal-democrático, e, mais que isso, liquidar todo o mundo social e cultural que conhecemos, a seu ver um mundo de convenções e aparências que impede os seres humanos de realizarem sua verdadeira "humanidade". Romper a *opacidade* das relações humanas no mundo atual e instaurar um outro no qual prevaleça a mais completa *transparência*. Destruir a sociedade existente e refazê-la a partir do zero, para que de seus escombros desabroche a flor da verdadeira humanidade — esse, sucintamente, é o seu programa. Conquanto proceda de uma grande variedade de fontes filosóficas, literárias e estéticas, podemos dizer que esta vertente traz em seu âmago um sentimento revolucionário claramente romântico, cujas raízes se mantêm robustas mesmo nas sociedades mais modernas e avançadas.

Claro está que as duas vertentes mencionadas — mais a segunda que a primeira — mantêm um estreito paralelismo com as ideologias antiliberais, ou seja, com o fascismo e o marxismo. A centralidade do liberalismo político entre os pilares principais do regime democrático permite-nos afirmar que é *anti*liberal qualquer teoria, ideologia ou doutrina que se contraponha às estruturas institucionais da democracia representativa. Nesse mesmo âmbito de ideias, podemos caracterizar como liberais os fundamentos epistemológicos de quase toda a ciência política moderna.[1]

ÍDOLOS DE BACON

Para avaliar a utilização do conhecimento político in actu por políticos, intelectuais e outros segmentos, recorrerei principalmente aos *ídolos* de Francis Bacon, uma estrutura hermenêutica que me parece singularmente útil para tal fim. Embora concebidos como guias para a pesquisa nas ciências naturais, os ídolos constituem um rico referencial a respeito de quatro questões fulcrais nas ciências humanas: 1) individualismo × holismo; 2) ideologia × realidade; 3) ideias impulsionadoras da ação revolucionária; e 4) deficiências na formação de conceitos e teorias — que abordarei em conexão com o conceito de democracia.

De fato, com seu *Novum Organum*, obra de 1620, Bacon inscreveu-se entre os pilares principais da reflexão epistemológica no campo das ciências naturais. Decorridos quatro séculos, suas recomendações encontram-se plenamente incorporadas ao cotidiano das ciências naturais — mas não, como é óbvio, ao das ciências humanas, e menos ainda ao das disciplinas mais estreita-

---

1. Neste estudo, meu interesse restringe-se ao liberalismo político, tendo caráter apenas incidental minhas eventuais referências ao liberalismo econômico. Creio, porém, oportuno ressaltar que as políticas econômicas associadas ou atribuídas à filosofia liberal assumiram formas variadas ao longo do tempo e de um país para outro; países politicamente liberais ocasionalmente implantaram programas estatizantes, e países autoritários implantaram programas liberais. Já no século XVIII, os fisiocratas combinavam uma doutrina econômica radicalmente laissez-faire com um apoio irrestrito ao absolutismo político.

mente ligadas ao conhecimento político. Bacon foi o primeiro a ensinar que o sujeito do conhecimento não é totalmente externo ao universo que se empenha em conhecer. Em qualquer área de estudo, o pesquisador influencia e é influenciado pelos objetos que observa. Segundo o autor, para chegar a resultados válidos, o pesquisador precisa se imunizar contra a ação dos ídolos da tribo, da caverna, do teatro e do mercado — quatro tipos de demônios que se apossam de nossa alma com o intuito de nos impedir o acesso à verdade.

Primeiro, os *ídolos da tribo*: sentimentos, paixões, temores e preconceitos a que somos vulneráveis pelo simples fato de pertencermos à "tribo" (ou raça) humana. Só conseguimos nos livrar da influência de tais fantasmas pelo exercício da introspecção, do autoexame e da autodisciplina. Essa proposição leva-nos diretamente à disjunção *individualismo* × *holismo* — ou seja, ao estatuto ontológico do indivíduo vis-à-vis totalidades ou entidades suprassociais, que desde logo suscita inquirições complementares a respeito da introspecção, do papel do indivíduo na história, da vocação política individual e dos dilemas individuais subjacentes a toda ação coletiva.

Segundo, os *ídolos da caverna*: noções que de início nos parecem acertadas, mas que um exame cuidadoso revela serem meras aparências ou imagens do senso comum, transmitidas de geração em geração pelas crendices costumeiras de nosso entorno social e assimiladas pelo convívio com a família e a aldeia. Desse segundo ídolo são tributárias as contraposições entre aparência e essência, ideologia e realidade, falso e verdadeiro, cabendo lembrar aqui o persistente debate político e sociológico sobre a função das ideologias nos países periféricos.

Os *ídolos do teatro* solapam o nosso senso crítico e nos induzem a aceitar certas ideias e teorias não por seu valor intrínseco, mas pelo pretenso saber de quem as enuncia. Essa advertência baconiana diz respeito aos riscos a que podemos ser levados por uma deferência excessiva em relação a determinados autores ou escolas de pensamento, ou por uma admiração devida menos a seu mérito intrínseco que à importância que lhes é socialmente atribuída, ou que eles mesmos se atribuem. Remontando ao século XVIII, Rousseau é a referência obrigatória. A questão que aqui avulta é, pois, o impulso que certos *templates* filosóficos soem exercer sobre intelectuais, jovens, clérigos e outras categorias sociais para mudar radicalmente a sociedade — tema a que Yack se referiu com rara felicidade como um *longing for total revolution*: um anseio pela revolução total.

Por último, os *ídolos do mercado*: demônios que se esgueiram entre certas brechas que inconscientemente lhes oferecemos no alvoroço do intercurso social e na discussão por vezes acalorada de assuntos públicos, quando baixamos a guarda e incorremos em erros de raciocínio, descuidos de linguagem e imprecisões conceituais. Percalços e equívocos na elaboração de conceitos e teorias são evidentemente comuns em todas as áreas das ciências humanas, mas creio que uma das ilustrações mais apropriadas — num livro que se propõe a esclarecer os fundamentos atuais do conhecimento político — são certas deficiências recorrentes na compreensão teórica da democracia.

COMPONENTES COGNITIVOS DAS TRÊS GRANDES IDEOLOGIAS

O quadro a seguir oferece uma representação esquemática de possíveis correspondências analíticas entre os critérios de Bacon e as estruturas das três ideologias.

Ideologias

Os ídolos de Bacon

	TRIBO	CAVERNA	TEATRO	MERCADO
	Natureza humana; indivíduo, autoconhecimento e ação coletiva	Ideologia × realidade: a pretensão positivista e marxista de encaixar o devir histórico em *templates* antiliberais	Impulsos ideacionais na transformação da sociedade	Formação de conceitos sobre os regimes políticos
FASCISMO	Holismo e *Führer Prinzip*	Origem platônica do positivismo; um sentido unívoco para o "todo" social	Voluntarismo e propensão à violência; mito romântico da revolução total	Holismo: o Estado é um agente unitário, ativo e ético
COMUNISMO	O indivíduo não importa. Os sujeitos da ação política são coletivos e indivisíveis: o partido e o proletariado	Um ultrarracionalismo historicista: munido da teoria correta, o partido prevê as etapas do devir histórico e a inexorabilidade da Revolução	Mito romântico da revolução total	A política não existe como uma esfera institucionalmente diferenciada. Ex ante, o Estado é o "comitê executivo da burguesia"; ex post, é uma ditadura benigna e transitória
LIBERALISMO	O indivíduo é a unidade ontológica e normativamente relevante	A história é um encadeamento parcial de estruturas, sempre sujeito a incertezas. Interdependências e superposições, não uma linha evolutiva férrea	Como fato e valor, a política é uma atividade de fins limitados	A sociedade compõe-se de subsistemas autônomos entre si. O subsistema político é uma esfera institucionalmente diferenciada, na qual prevalece um hobbesianismo mitigado, regulado pelo direito, pelas instituições, pelo pluralismo social e por princípios de tolerância e comedimento

Uma das distinções mais importantes entre a filosofia liberal-democrática e o antiliberalismo totalitário (nazifascismo, marxismo-leninismo) diz respeito à percepção dos conflitos sociais. A primeira entende que todas as sociedades — antigas ou modernas, atrasadas ou avançadas — são entrecortadas por conflitos de vários tipos; alguns são mais e outros menos destrutivos, mas sua contínua ocorrência é um fato. Pretender removê-los em definitivo — colimando uma sociedade essencial e totalmente harmônica — é próprio do pensamento utópico numa de suas variantes mais virulentas, inevitavelmente conducente a alguma forma de governo ditatorial. Entre o individualismo metodológico do liberalismo e o holismo antiliberal há, portanto, uma bifurcação decisiva.[2] Um braço leva a sociedades eventualmente repletas de dificuldades, mas abertas e propícias a viver em liberdade; nessas, pregar a remoção total dos conflitos é um discurso descabido. No outro braço, tal discurso é não apenas possível mas institucionalizado, habitual e frequente, sempre associado ao desatinado anseio por uma sociedade homogênea.

Abraçando sem rebuços o mito de uma comunhão de sentimentos entre o líder e a massa, o fascismo postula que, sem a orientação e o comando daquele, esta se reduz a um amontoado amorfo, dócil, irracional e facilmente manipulável. O conhecimento verdadeiro da história, bem como das necessidades do povo e do Estado, é apanágio de uma minoria extraordinária: uma pequena elite. Não obstante oblitere o homem comum, ele cultua até o limiar do grotesco a personalidade do Führer — ou seja, do líder que supostamente encarna o Estado e a Nação. Consubstanciado no Estado, o "todo" é virtualmente divinizado como um agente unitário, ativo, dotado de vontade e superiormente ético,

---

2. Na epistemologia das ciências humanas, o termo *holismo* designa uma visão totalizante e o primado ou precedência do todo em relação às partes de que se compõe.

ao qual o indivíduo há de se subordinar incondicionalmente. O aumento de seu poder e a expansão territorial são os objetivos relevantes da ação política, que pressupõem uma ditadura totalitária e a subordinação da sociedade e da economia ao Estado. Mudanças historicamente importantes dependem da iniciativa do líder, ou seja, de sua coragem e tirocínio para *seize the hour*, política e militarmente.

Em 1930, o teórico fascista Volpicelli escreveu:

> A proclamada superioridade do Estado sobre o indivíduo não é apenas a de uma instituição particular e material mais alta, mas a de uma entidade imanente e infalível, que abarca as partes individuais, como um organismo abarca seus órgãos [...]. Estes, portanto, devem organizar-se consciente e disciplinadamente e contribuir para a vida daquele; responder por si mesmos ao Estado em que vivem e do qual vivem. Todos são legítimos e justificáveis apenas na medida e no grau em que atuarem e perceberem sua natureza e destinação estatal, una e solidária. (pp. 474-5)

O marxismo, em razão de seu holismo, da não admissão de uma esfera política institucionalmente autônoma e de sua suposta capacidade de conhecer antecipadamente o curso da evolução estrutural das sociedades, com o tempo vulgarizou uma modalidade de relato histórico que de história tem muito pouco.

A história é concebida como o desdobramento progressivo de uma razão (a lógica do capitalismo), que leva o sistema à autodestruição, à instauração da ditadura do proletariado e em seguida a um período de transição para a sociedade sem classes. A esfera cultural é entendida segundo o dualismo platônico: no capitalismo, só há ideologia (aparência); no futuro socialista, realidade (transparência). Segue-se que a história é representada como uma enteléquia seguindo seu curso inexorável, guiada pelo grande timoneiro, o partido — ou pelo Comitê Central do partido, ou, mais exatamente, pelo secretário-geral do Comitê Central —, que, em última instância, é o portador da missão histórica de conduzir o proletariado à revolução, à instauração de "sua" ditadura e à transição para o socialismo.

Por ora, cumpre apenas observar que o holismo é um virtual impedimento à compreensão tanto do modo de agir dos dirigentes (da "elite" partidária) como da ação coletiva das massas. Em ambos os casos, ele bloqueia a percepção das diversidades individuais e da contingência que delas decorre no comportamento de qualquer grupo. Os sujeitos da ação política são coletivos e indivisíveis: o proletariado e o partido. Isso em tese: na realidade, a classe operária requer a "liderança" e a "orientação" do Partido Comunista. O partido substitui o proletariado na missão de tomar o poder e instaurar a ditadura que destruirá o que restar da burguesia e do capitalismo. A estatização dos meios de produção e a arregimentação totalitária da sociedade são impostas pelo tripé partido, polícia secreta e censura dos meios de comunicação. Assim, ex ante, no capitalismo, o Estado é um comitê executivo da burguesia; ex post, é a evanescente "ditadura do proletariado".

O liberalismo situa-se no antípoda do fascismo e do marxismo. Contra todo holismo, sua epistemologia consagra o primado do individualismo metodológico e de uma razão aproximativa, ou seja, do conhecimento por tentativa e erro. Todo liberalismo enfatiza a diversidade dos substratos sociais, o caráter contingente dos vínculos subjacentes à ação coletiva e a incerteza inerente aos processos políticos. Representa, portanto, os conjuntos sociais sem suprimir a multiplicidade de diferenças que existe em todos eles. Os agentes reais da política e da ação moral não são totalidades abstratas: são indivíduos reais que trabalham e pagam impostos, que matam ou morrem quando convocados para a guerra. Assim, por mais que difiram noutros aspectos, as ciências sociais inspiradas no liberalismo munem-se de severas restrições empíricas e analíticas contra o hipostasiar de agentes supraindividuais, não sendo exagero afirmar que o anti-holismo liberal é a epistemologia subjacente a quase toda a ciência política moderna. Diferentemente do fascismo — para o qual a unidade do Estado decorre de hierarquias implantadas à força e encabeçadas pelo líder — e do marxismo — que a vê como um reflexo praticamente automático dos interesses da classe dominante (no capitalismo) e da ação do partido (no pós-Revolução) —, para o liberalismo a estatalidade (*stateness*) é uma questão de grau, variável no tempo e no espaço. Dito de outro modo, na visão liberal, o Estado não é uma unidade dada, preexistente ou "natural", mas contingente, mutável e precária, cuja existência depende dos processos políticos. O Estado persegue prioridades disputadas por numerosos grupos de interesse. Daí a noção de política abranger toda a ação de governar, inclusive as ações necessárias ao governo do próprio Estado. A ação de governar implica tomar decisões em vários âmbitos, todos eles envolvendo um alto grau de incerteza, experimentalismo, aproximações incrementais, *trade-offs* e efeitos não antecipados ou perversos.

De tudo isso resulta uma visão de certa forma trágica: os problemas que requerem escolhas chanceladas pelo Estado podem ser insolúveis a curto prazo, ou resultar em soluções insatisfatórias para a maioria dos contendores, sem esquecer que tais soluções não raro implicam externalidades custosas para a sociedade como um todo. No liberalismo, mais uma vez, ao contrário do que estipulam as teorias fascista e marxista, a responsabilidade de escolher não fica a cargo de um "todo" — uma entidade supraindividual —, mas de indivíduos de carne e osso: os líderes políticos, mormente aqueles situados nas posições mais altas na estrutura institucional.

Ao liberalismo repugna igualmente o voluntarismo desabrido de certas vertentes românticas, geralmente propícias a um ativismo anti-institucional e a uma aspiração de mudança nos moldes de um *craving* pela revolução total. A mudança revolucionária é uma rara exceção; não é sequer um ideal, mas sim um caminho a seguir na ausência de opções pacíficas. A política, uma esfera diferenciada, é balizada por um conjunto de instituições: constitucionalismo, império do direito, *due process of law*. Pluralismo político, separação civil × militar, direitos individuais e associativos, liberdade de imprensa. A atenção a possíveis efeitos perversos é essencial ao processo de elaboração da política pública. No liberalismo, não há romantismo; a história resulta da interdependência ou superposição das estruturas existentes, um encadeamento determinado em parte por tais estruturas, mas que deixa ampla margem para o imprevisível, dada a pluralidade dos objetivos e valores a realizar, da natureza *path dependent* dos processos de que se compõe, da onipresença de *trade-offs* pautando o comportamento dos agentes políticos e de erros de avaliação, entre outros fatores.

1. *Homo politicus* (ídolos da tribo)

"Conhece-te a ti mesmo" foi a primeira recomendação de Bacon. Cuida de conhecer as paixões de que és portador pelo simples fato de pertenceres à raça humana. Não chegarás ao conhecimento verdadeiro se te deixares subjugar por elas. A capacidade de se autoexaminar depende primacialmente da personalidade individual, mas, no âmbito da atividade política, é razoável conjecturar que ela seja influenciada — e mais restringida que reforçada — pelas circunstâncias imediatas e ideologias dos atores políticos. No calor de uma revolução, é improvável que líderes impregnados por filosofias holistas se deixem levar pela introspecção, refletindo sobre sua própria personalidade ou sobre a de seus parceiros e colaboradores; o mais provável é que se vejam como homens de grande coragem, protegidos pela espessa armadura de suas crenças — o que paradoxalmente pode torná-los vulneráveis a riscos de diversos tipos.[1] Pessoas como eu

---

1. Faz sentido postular que revolucionários tenham um tipo específico de personalidade, independente do conteúdo particular de doutrina revolucionária

— Freud escreveu certa vez — seriam repelidas pelos métodos do experimento bolchevique. Mas outros, "homens de ação, inabaláveis em suas convicções, inatingíveis por quaisquer dúvidas, insensíveis ao sofrimento alheio, iriam em frente em busca de seus objetivos" (citado por Rice, p. 224).

LÊNIN, STÁLIN E TRÓTSKI: TRÊS DESTINOS

Em sua monumental biografia de Max Weber, Radkau (2011, p. 3) informa que o próprio Weber se referiu certa vez à compreensão do indivíduo como a física atômica da sociologia, e é verdade que a biografia cumpre nas ciências sociais uma função similar à da teoria atômica na física, levando à descoberta do princípio da incerteza. É nos indivíduos, as menores unidades da história, que melhor percebemos como a forma e os contornos dos acontecimentos variam segundo a posição do observador. Muitas vezes não há uma, mas muitas histórias possíveis.

O marxismo representava-se como vanguardeiro em tudo, inclusive no tocante à vida privada e à "libertação" individual, mas essa imagem requer um reexame severo. No conhecimento marxista in actu, a capacidade de introspecção, a avaliação de singularidades individuais e a compreensão das teorias psicológicas da época eram bem menores que as sugeridas por aquela autoimagem genérica. Não chegarei ao extremo de afirmar que todos os dirigentes e intelectuais comunistas excluíam percepções psicológicas de seu campo de interesse, mas à maioria deles tal afirmação se aplica sem a menor dúvida.

Num pequeno livro intitulado *O papel do indivíduo na histó-*

---

que abracem? Alguns autores exploraram tal hipótese. Ver referências a Talmon e Wolfenstein na Bibliografia Comentada.

ria, George Plekhanov, um dos fundadores do PC russo, discorre amplamente sobre o materialismo histórico, mas diz muito pouco sobre o indivíduo. Nesse aspecto, não há diferença entre o rombudo catecismo de Plekhanov e a reflexão de teóricos mais versados em filosofia, como o húngaro Georg Lukács e o alemão Karl Korsch. Devido seja ao holismo subjacente à teoria, seja ao temor de serem "enquadrados" pelo partido, nenhum dos dois ousou reconhecer a figura do indivíduo como um tema válido à luz da visão marxista do mundo.

Revisitando os escritos de Marx pela ótica da epistemologia, Tucker (1983, p. 31) argumenta que o filósofo não foi um pensador holista, e sim um individualista metodológico, comparável nesse aspecto aos modernos John Rawls e Ronald Dworkin. Na ótica que ora nos importa, tal argumento mereceria muitos reparos, mas o próprio Tucker nos dispensa desse encargo: "o que surpreende na obra de Marx é a sua total falta de interesse pelas dimensões psicológicas da vida" (p. 32); "de fato, nenhum outro autor de vulto mostrou tanta falta de curiosidade pelas dimensões psicológicas da vida social" (p. 31).

Seria porém descabido juntar num mesmo balaio todos os grandes nomes do marxismo. Não é certo que todos tenham sucumbido ao holismo ideológico a ponto de descartar qualquer preocupação com traços individuais. Trótski e Lênin foram exceções importantes, como tentarei mostrar. Mais que receptivos a uma tematização genérica da individualidade, ambos mantiveram contato com a psicanálise, o primeiro apoiando-a ativamente e o segundo pelo menos abrigando sob seu prestígio certas tentativas de aproximação entre a comunidade psicanalítica russa e autoridades do governo e do partido. É, pois, razoável afirmar que não se fecharam totalmente para a nascente teoria freudiana do inconsciente, admitindo ao menos em tese a estreiteza da visão do ser humano esposada pelo marxismo-leninismo.

Descendente de judeus da Lituânia, Freud tinha grande interesse pelo "caráter nacional" do povo russo, invariavelmente descrito como introspectivo e absorto em angústias existenciais. Estudou com cuidado a obra de Dostoiévski, que a seu ver "não teria precisado da psicanálise, uma vez que ele mesmo a personificava em cada personagem e cada sentença" (citado por Rice, p. 5). Mas não é difícil compreender a ambivalência ou mesmo a hostilidade potencial à psicanálise entre os círculos dirigentes do bolchevismo, formado por homens determinados a transformar radicalmente o país, inclusive, como é óbvio, o referido caráter nacional. Com um pé atrás, eles perguntavam, desde logo, se a teoria freudiana era compatível com a concepção materialista do homem e da sociedade.

Por qualquer critério que se adote, Lênin, Trótski e Stálin foram líderes políticos importantes — os dois primeiros merecendo também o título de teóricos do marxismo. Suas trajetórias foram, porém, totalmente distintas, e não há dúvida de que as diferenças entre elas se deveram em grande parte à personalidade de cada um. Lênin, um líder de proporções míticas, louvado em prosa e verso pelo realismo de suas percepções dos desafios práticos da Revolução, acreditava piamente na ficção rousseauniana do "bom selvagem" que teria existido no início da história[2] e só no leito de morte despertou para o futuro fatídico que a URSS iria viver sob Stálin. Este, como ninguém ignora, não tardou a se transformar num ditador sanguinário, tendo ainda ordenado o assassinato de Trótski em seu exílio no México.

---

2. Kolakowski avalia que Rousseau não acreditava numa volta ao "bom selvagem", mas os anarquistas, Marx e o próprio Lênin com certeza acreditavam. Ver Leszek Kolakowski, "Stalinism versus Marxism?". In: Robert C. Tucker (Org.). *Stalinism: Essays in Historical Interpretation*. Nova York: Norton & Co.,1977, pp. 291-2.

Isaac Deutscher, o grande biógrafo de Trótski, discorre amplamente sobre as incursões de seu biografado na filosofia da ciência, "uma [das quais] merece ser especialmente relembrada — sua defesa da psicanálise" (2005a, p. 220). Já no início da década de 1920, escreve Deutscher:

> a escola de pensamento freudiano viu-se sob o ataque feroz que a expulsaria da União Soviética por muitas décadas. Para os homens influentes do partido, que não tinham quase nenhum conhecimento direto da teoria de Freud, a escola, com sua ênfase no sexo, pareceu suspeita e incompatível com o marxismo. A intolerância [em relação] ao freudismo, porém, não estava limitada aos bolcheviques; foi pelo menos igualmente forte nos círculos politicamente conservadores entre os discípulos de Pavlov, que pretendiam estabelecer um monopólio para seus próprios ensinamentos. [Pavlov] tinha essa vantagem sobre os freudianos: sua escola crescera em solo russo e, para os intelectuais marxistas, ela parecia a mais evidentemente materialista das duas. Assim, os homens do partido e os acadêmicos fizeram uma aliança curiosa contra a psicanálise. (2005b, p. 220.)

Apesar da aparência mais "científica" da escola pavloviana, Trótski defendia a ideia de que no mínimo o benefício da dúvida fosse estendido à escola freudiana. Seria demasiado simples e rudimentar, ele escreveu,

> declarar que a psicanálise é incompatível com o marxismo e voltar as costas a ela. De qualquer modo, não estamos obrigados a adotar também o freudismo. Este é uma hipótese de trabalho. Pode produzir, e produz, deduções e premissas que levam a uma psicologia materialista. No devido tempo, a experimentação produzirá a prova. Enquanto isso, não temos razão nem o direito de banir um método que, embora menos fidedigno, procura antecipar resulta-

dos para os quais o método experimental [de Pavlov] só muito lentamente avança. (2005b, p. 222.)

Miller (1998, pp. 67-8) informa que os anos 1921 a 1923 foram a maré alta da psicanálise na URSS.[3] À parte um retrocesso importante — o fechamento de uma escola experimental para crianças portadoras de distúrbios mentais —, a comunidade psicanalítica desenvolveu-se de forma substancial. Conseguiu estabelecer um instituto com um programa de ensino plenamente reconhecido e uma moradia para crianças gerida com base em princípios psicanalíticos. A publicação de livros e artigos psicanalíticos também ganhou impulso, sendo tais atividades em boa parte financiadas com recursos públicos.

Esse promissor início e a posterior supressão levam naturalmente à questão-chave: qual era a visão pessoal de Lênin sobre o freudismo? A resposta é uma cautelosa receptividade. Os avanços registrados dificilmente teriam acontecido sem seu beneplácito, mas, comparados aos de Trótski, seus conhecimentos em primeira mão sobre a obra de Freud eram modestos. Lênin certamente

3. Em 1922, embora a nova política econômica de Lênin tivesse parcialmente reintroduzido o capitalismo, o partido deslanchou uma campanha de ideologização total da sociedade. Apesar disso, como informa Miller (p. 54), ainda havia certa flexibilidade; algumas autoridades do partido se mostravam receptivas à psicanálise. A comunidade psicanalítica logo compreendeu que já não controlava sua agenda: sua sobrevivência dependeria da aprovação e inclusive de apoio financeiro do governo. Para se viabilizar, teria que se tornar útil às autoridades do regime. O governo apenas esboçava sua política em relação à psicologia como um todo, mas precisava concretamente de orientação quanto ao problema do grande número de desabrigados e crianças tornadas órfãs pela violência da guerra civil. Sob a direção de Anatóli Lunatcharski, um amigo de Lênin, o Comissariado da Ilustração e da Educação acompanhava os contatos entre os dois lados. Como os psicanalistas tinham já estabelecido uma escola experimental para crianças portadoras de distúrbios mentais, as autoridades do partido mostraram-se dispostas a receber uma proposta de cooperação.

se mantinha informado através de alguns proeminentes membros do partido que faziam parte de seu círculo de amigos — notadamente o matemático Otto Schmidt e Stanislav Shatskii, diretor da seção pedagógica do governo. Trótski tentou apoiar a psicanálise de uma maneira mais ativa, mas, ao cair em desgraça, após a morte de Lênin, ele se tornou um pretexto adicional para a supressão que sobre ela se abateria por cerca de meio século. Sem Lênin e depois sem Trótski, a comunidade psicanalítica tornava-se um alvo fácil para o obscurantismo ideológico latente, que Stálin traria para o primeiro plano.[4]

As preocupações de Lênin em seus últimos anos de vida acerca da provável ascensão de Stálin ao comando do partido e do regime podem ser tomadas como um caso clássico de um líder forçado pelas circunstâncias a olhar o mundo à sua volta por um ângulo que não era o seu forte. Pouco conhecido mesmo entre adeptos do marxismo-leninismo, o documento, que se tornou conhecido como o "testamento político de Lênin", é um dos mais esclarecedores da literatura sobre a Revolução.[5] No fim de 1922,

---

4. "Lênin construíra uma estrutura política voltada para o objetivo de ordenar esse caos, tentando canalizar a paixão espontânea da natureza e das pessoas para seus fins predeterminados. Seus seguidores construíram o mito do novo homem bolchevique, que, armado com a consciência marxista, controlaria os redemoinhos da história, resolveria as contradições entre as classes e acabaria com as opressões que pesavam sobre a humanidade. Para isso, os cidadãos soviéticos teriam que planejar, estabelecer metas, manter-se vigilantes, dominar o ambiente e derrotar todos os inimigos. Para realizar tarefas de tal forma míticas, seria mister criar um novo tipo de indivíduo, pessoas capazes de transcender seus conflitos íntimos e operar num mundo social repleto de demônios. Nesse mundo, não poderia haver tolerância alguma por demônios como os de Freud, capazes de levar a devastação aos patamares mais profundos do inconsciente" (Miller, p. 113).
5. Recorro aqui aos relatos de Tucker (1973, pp. 269-71), Deutscher (2005b, p. 99) e Montefiore (2003, pp. 60-1). Ver observações adicionais na Bibliografia Comentada.

escreve Tucker, "consciente de estar seriamente doente e preocupado com o futuro do PC e da própria Revolução, Lênin decidiu escrever à alta direção do partido, alertando-a para os riscos representados pelo crescente poder de Stálin. Numa carta dirigida ao próximo congresso do partido, recomendou a substituição dele por alguém "mais tolerante, mais leal, mais cordial, que tenha mais consideração por seus camaradas, que não seja tão caprichoso" etc. Mais tarde Lênin reforçaria essa mensagem, recomendando efetivamente o afastamento de Stálin. Convencera-se de que certos traços de caráter de Stálin — notadamente sua "rudeza" e sua tendência a se orientar de maneira "maliciosa" nas questões políticas — tornavam perigosa a permanência dele naquele poderoso cargo. Um trecho da mensagem de Lênin frisava: "A questão da personalidade pode parecer secundária, mas é uma daquelas coisas secundárias que podem acabar adquirindo uma significação decisiva".

O testamento de Lênin continha uma esclarecedora referência ao relacionamento de Trótski com Stálin. "O partido", ele escreveu, segundo o relato de Deutscher (pp. 99-100), "deve ter consciência do perigo de uma divisão na qual Stálin e Trótski, os dois mais eminentes líderes do atual Comitê Central, se enfrentassem como principais antagonistas". O antagonismo entre os dois ainda não refletia nenhum conflito básico de interesse ou de princípio: era, disse Lênin, "meramente um choque de personalidades. Trótski era 'o mais capaz' de todos os líderes do partido, mas estava possuído por uma 'autoconfiança excessiva', uma 'disposição de deixar-se atrair pelos aspectos puramente administrativos das questões', e uma inclinação para opor-se individualisticamente ao Comitê Central". Mas os traços negativos de Stálin acabaram levando Lênin a recomendar seu afastamento, mesmo não tendo dúvidas de que tal decisão teria como consequência a ascensão de Trótski à liderança.

Após a morte de Lênin, em 22 de janeiro de 1924, sua viúva Krupskaia entregou o documento aos principais dirigentes do partido, mas estes mais uma vez fizeram ouvidos moucos, atitude pela qual muitos deles acabariam pagando com a vida.

O fim desse processo é mais conhecido que seu fatídico começo. Em fevereiro de 1956, já como sucessor de Stálin no comando da URSS, Nikita Kruschev revelou o trecho sobre Stálin no testamento de Lênin perante uma sessão fechada do XX Congresso do Partido Comunista. Tinha aí início a denúncia dos "crimes de Stálin". A ansiedade de Lênin, Kruschev comentou, era "justificada". De fato, desde os anos 1920, como chefe supremo do partido, Stálin cuidou de transformá-lo numa engrenagem verdadeiramente totalitária, subjugando-o à polícia secreta, também submetida a seu estrito controle pessoal. "Os expurgos que executou naqueles anos", escreveu Tucker, "equivaleram a um verdadeiro holocausto soviético. Não só os que antes lhe haviam feito oposição, mas muitos milhares de outros foram fuzilados ou enviados a campos de concentração como *inimigos do povo*." Resumindo, Kruschev traçou um perfil de Stálin como homem. Fez referência à intolerância que ele manifestava em relação a qualquer crítica ou desacordo, à disposição com que ele infligia sofrimento ou mesmo mandava assassinar qualquer pessoa que viesse a perceber como "inimigo", à sua tendência a desconfiar ou alimentar suspeitas, a seu sentimento de estar sempre rodeado por conspiradores, e a seu desejo de ser elogiado e glorificado.

O *HOMO OECONOMICUS* E A TEORIA DA AÇÃO COLETIVA

Por que um grupo de indivíduos nem sempre participa de uma reivindicação sobre matéria de seu interesse, ou protesta contra um governo que considera corrupto ou opressor? Do ponto de vista teórico, a questão nevrálgica é mais uma vez a do holismo × individualismo — ou seja, a contraposição entre ação coletiva × inclinações individuais a participar (ou não) — e a forma que ela assume nas diferentes ideologias. Já foi tratado na seção anterior quanto o holismo marxista dificultou a consciência de seu próprio papel por parte dos líderes soviéticos; nesta, o objetivo é demonstrar que ele é igualmente nefasto à compreensão do envolvimento popular na política.[6]

A indagação suscitada apresenta especial interesse no caso do marxismo, dadas as dificuldades em que os comunistas tradicionalmente se enredaram na tentativa de deslindar o problema do "sujeito da história". Em abstrato, as dúvidas pareciam resolvidas no legado de Marx e Engels: o sujeito da história só poderia ser o proletariado industrial, já apontado como o "coveiro" do capitalismo no *Manifesto* de 1848. Mas as lutas práticas levaram diversos dos futuros dirigentes e teóricos comunistas à necessidade de descartar as ilusões que o próprio Marx abrigara a respeito da capacidade de ação das massas.[7]

Quem primeiro se dispôs a fazê-lo foi Lênin, que agiu bem à sua maneira: sem rodeios, decretando a subordinação da massa ao partido. Essa, como se sabe, é a origem da concepção leninista do partido-vanguarda — uma organização constituída apenas por revolucionários profissionais; "poucos, mas bons", segundo a

---

6. No fascismo, como já observado na Introdução, a massa e os indivíduos que a compõem carecem de inteligência e iniciativa; segue-se que a participação não existe como um problema específico, pois tudo depende da determinação feita de cima para baixo pelo Estado. Tudo depende do voluntarismo do Führer, *seizing the hour*. O liberalismo segue o caminho oposto: vê o indivíduo como um ser capaz de discernir e escolher de maneira autônoma o que deseja e como detentor de direitos a serem respeitados. Segue-se que toda ação coletiva depende da aquiescência de cada um relativamente aos objetivos da convocação.
7. A revisão mencionada acontece mais ou menos na mesma época e tem o mesmo sentido da crítica dos chamados "elitistas", notadamente Pareto e Mosca, aos pressupostos otimistas da filosofia política liberal e da reformulação da teoria da democracia representativa por Schumpeter em 1942.

fórmula consagrada, aos quais caberia a missão de tomar a máquina do Estado, implantar a "ditadura do proletariado" e posteriormente "liderar e orientar" a classe operária na construção do socialismo e do comunismo.

A revisão levada a cabo por Lênin envolvia uma curiosa ambiguidade. *No nível coletivo*, é óbvio que ele compartilhava a teoria do *homo oeconomicus*, coloquialmente expressa na fórmula de que o bolso é o órgão mais sensível do corpo humano. O corolário seria que, por si só, a consciência coletiva do proletariado não transcenderia o nível do mero trade-unionismo. Como então atribuir o status de "sujeito da história" a uma classe incapaz de se mobilizar em torno de objetivos mais amplos que seus interesses econômicos imediatos? Mas Lênin, previsivelmente, não levou esse axioma às últimas consequências. Aceitar que a maioria dos indivíduos quase sempre age em função de interesses econômicos particulares equivaleria a admitir que motivos utilitários cumprem um papel importante e não raro decisivo, cedendo demasiado terreno às teses sustentadas pela economia política burguesa desde Adam Smith. Lênin abraçou, pois, a tese da motivação econômica só na medida necessária para fundamentar sua concepção do partido-vanguarda, portadora, como hoje sabemos, de implicações dramáticas para o entendimento da Revolução e para toda a evolução histórica do comunismo.

Acatada por muitos altos dirigentes comunistas, a reformulação de Lênin sobre a natureza e o papel do partido foi rejeitada por outros tantos. Mesmo não a questionando frontalmente, a alemã Rosa Luxemburgo não escondeu seu desconforto em relação a ela, e Trótski opôs-lhe aberta resistência até o fim da vida.[8]

8. A concepção de Lênin sobre o "partido revolucionário" está em seu livro *Que fazer?*, de 1902. Em 1904, Trótski criticou-a de forma contundente num documento de cem páginas, o mais duro ataque até então feito contra Lênin. À visão

No que concerne ao plano mais abstrato do próprio conceito de ação coletiva, as análises marxistas mais ambiciosas foram sem dúvida as de Georg Lukács e Jean-Paul Sartre, publicadas em 1922 e 1960, respectivamente. Húngaro de nascimento, Lukács escreveu sua *História e consciência de classe* depois de se transferir para a Alemanha, antes de dominar adequadamente o idioma alemão, fato que em parte deve explicar a excepcional obscuridade de sua inquirição. O avanço do capitalismo e o aprofundamento de suas contradições acabariam por levar o operariado a incrementar suas ações reativas, estas por sua vez ensejando um adensamento e um caráter progressivamente revolucionário a sua consciência de classe. De forma implícita, o partido ficava assim reduzido a um papel de simples orientador, se não de espectador. Insatisfeitos com seu quinhão, os círculos mais ortodoxos do marxismo moscovita criticaram com severidade a obra, forçando Lukács a iniciar sua longa série de autocríticas. Seu argumento sobre a ação de massas do proletariado era, como se vê, uma tentativa de recuperar a noção de uma subjetividade revolucionária. Subjetividade de quem? Do "sujeito concreto", evidentemente: o proletariado. Mas já em 1902, em *Que fazer?*, Lênin decretara o irrealismo da ideia de um proletariado capaz de agir autonomamente. Obediente, Lukács logo reconheceu que o "sujeito concreto" só poderia ser o partido. Não chegou a escrever que seria o

---

leninista ele contrapunha a ideia de um partido de base ampla, como os partidos social-democratas europeus, tese à época defendida por Axelrod. Referia-se à posição de Lênin como um "substituísmo": "a organização do partido [sua liderança] coloca-se a princípio no lugar do partido como um todo; em seguida, o Comitê Central coloca-se no lugar da liderança; finalmente, um único 'ditador' coloca-se no lugar do Comitê Central". Ver citação em Deutscher (2005a, pp. 122-3) e também Luxemburgo (1971, pp. 275-8), Rodrigues e De Fiore (1978) e Cerroni et al. (1973).

secretário-geral, muito menos a nomeá-lo, pois isso o conduziria direto ao âmbito do discurso fascista. Sartre escreveu em sua língua nativa, o francês, inexistindo, pois, em seu caso, um álibi para a obscuridade de sua *Crítica da razão dialética*. Publicada com pompa e circunstância em 1960, já na clarinada inicial (pp. 10-1) a obra identifica a razão "analítica e positivista" [da filosofia e da ciência social burguesas] como o fator responsável pela pobreza das respostas até então dadas pelo marxismo à magna questão do agir e do fazer humano.[9] Fato, em qualquer caso, é que o leitor disposto a enfrentar a inquirição sartriana deve se preparar para um longo percurso — 756 páginas, em caracteres miúdos e sem índice —, sem o benefício dos marcos de quilometragem normalmente existentes nas margens de qualquer estrada. Vencidas as advertências metodológicas que ocupam as duzentas primeiras páginas, segue-se a informação de que a primeira parte do livro tratará da passagem "de la práxis individuelle au practico-inerte"; e a segunda, "du groupe à l'histoire". No fundo, portanto, o extenso estudo de Sartre é uma

---

9. "*L'anthropologie restera un amas confus de connaissances empiriques, d'inductions positivistes et d'interprétations totalisantes, tant que nous n'aurons pas établi la légitimité de la Raison dialectique, c'est-à-dire tant que nous n'aurons pas acquis le droit d'étudier un homme, un groupe d'hommes ou un objet humain dans la totalité synthétique de ses significations et de ses références à la totalisation en cours, tant que nous n'aurons pas établi que toute connaissance partielle ou isolée de ces hommes ou de leurs produits doit se dépasser vers la totalité ou se réduire à une erreur par incomplétude*" [A antropologia permanecerá um amontoado confuso de conhecimentos empíricos, de induções positivistas e de interpretações totalizantes, enquanto não estabelecermos a legitimidade da Razão dialética, ou seja, enquanto não adquirirmos o direito de estudar um homem, um grupo de homens ou um objeto humano na totalidade sintética de suas significações e de suas referências à totalização em curso, enquanto não estabelecermos que todo conhecimento parcial ou isolado de tais homens ou de seus produtos deve ir além deles no sentido da totalidade ou de se reduzir a um erro por incompletude] (pp. 10-1).

tentativa de responder à mesma indagação de que ora nos ocupamos: por que certas categorias sociais (conjuntos prático-inertes) distinguidas por algum atributo ou interesse comum não se mobilizam nem adquirem o *modicum* de consciência de que carecem para se transformarem de fato em "grupos" e em sujeitos efetivos da ação política? "Prático-inerte", no idioma sartriano, é o que os cientistas sociais geralmente designam como um simples agrupamento estatístico, uma série de indivíduos identificados como pertencentes a uma categoria por possuírem em comum um atributo qualquer. "Grupo", naturalmente, é a situação contrária: aquela em que os membros compartilham certos elementos subjetivos, sendo escusado dizer que a densidade e o conteúdo de tais elementos comportam uma imensa variedade. Lida por esse ângulo, somos forçados a reconhecer que a *Crítica* de Sartre pouco ou nada acrescenta à tradicional hipótese marxista sobre a passagem da classe *an sich* (em si) para a classe *für sich* (para si), que permanece inexplicável.

Participar, o que é?

Convencionemos: o substantivo "participação" compreende uma grande variedade de atos; votar é um dos mais importantes, mas não é o único. Evidenciar a variedade e situações das atitudes que as motivam deve ser o ponto de partida de nossa análise.

Imaginemos um grupo de amigos reunidos para falar mal do governo entre uma cerveja e outra. Estamos realmente falando de *participação*? Depende. Se o grupo o faz regularmente, todo sábado, sempre à mesma hora, mas não passa disso, é mais razoável dizer que se trata de um hábito, uma mera ocasião de lazer. Se o faz de vez em quando, com o objetivo de discutir manifestações que vêm se repetindo na cidade, já é outra coisa. Ou seja, a importância e o sentido particular de tais atos dependem de onde e quando tenham acontecido.[10] Tomemos como referência manifestações de massa como as que têm tido lugar no Brasil desde 2013. Por que milhões de pessoas, provavelmente a maioria dos cidadãos, mesmo concordando com os objetivos de tais manifestações, permanecem à margem delas, enquanto uma minoria se entusiasma e mal consegue aguardar a hora de seguir para o local combinado? Uma pessoa "politizada", mas idosa ou com a saúde fragilizada, provavelmente optará por acompanhar a manifestação pela TV, o que é perfeitamente compreensível; mas muitas pessoas jovens, gozando de ótima saúde, também optam por não participar.

Custos gerais da participação: a pirâmide socioeconômica

Para participar de uma ação política dessa natureza — manifestações de massa —, os cidadãos precisam fazer um esforço extra: transcender seu cotidiano e ponderar diversos elementos que não se apresentam no simples ato de votar. O ponto-chave é que toda participação tem custos: nem sempre custos pecuniários; mas custos de outros tipos, sempre, sem nenhuma dúvida. O que logo vem à mente é o nível de escolaridade: um nível muito baixo geralmente implica um custo elevado, uma vez que para participar o indivíduo precisa buscar, processar e contextualizar informações sobre o quadro político que o cerca.

10. Se o nosso hipotético encontro de amigos tivesse ocorrido em Moscou por volta de 1970, os integrantes do grupo teriam consciência dos riscos a que se expunham, e nós provavelmente não hesitaríamos em descrevê-lo como um ato de participação. E se voltarmos mais um pouco no tempo, digamos a 1945, não poderíamos nos esquecer de que, por bem menos que isso, muitas pessoas receberam longas sentenças de prisão. Foi o caso, por exemplo, de um certo capitão de artilharia, Alexandre Soljenítsin, que se tornaria mundialmente conhecido depois de passar onze anos num dos campos de concentração do gulag.

A maioria dos analistas concorda que o órgão mais sensível do corpo humano é o bolso. Pertencemos todos à espécie conhecida como *homo oeconomicus*. Mas a ausência de um objetivo econômico não necessariamente condena uma dada tentativa de mobilização ao fracasso. Todo dia, do norte ao sul do país, grupos se reúnem, protestos acontecem e muita gente, inclusive mulheres e pessoas idosas, põe sua integridade física em risco. Observando tais situações de perto, vemos que muitas têm início num incidente ou acidente que rapidamente se converte numa centelha emocional.[11] Num ponto qualquer da periferia onde os moradores há tempos reivindicam a construção de uma passarela, acontece outro atropelamento. Uma pequena aglomeração se forma, a polícia chega, há uma agressão. Subitamente a manifestação se avoluma, não porque as pessoas ali presentes tenham sido atingidas no bolso, mas porque se veem mais uma vez às voltas com certos conflitos, sofrimentos e humilhações que fazem parte de seu cotidiano. Os custos, como já se notou, não são necessariamente pecuniários; podem ser, por exemplo, não gozar o fim de semana, não passar o dia com a família. E não raro o medo de se envolver em entrechoques.

Na teoria liberal, há um pleno reconhecimento dos desníveis de informação e motivação existentes na sociedade. A pirâmide social é também motivacional e cognitiva. Quanto mais alto o status socioeconômico, mais motivado e capacitado a participar o indivíduo se torna (ou se sente). E mais "enredado" (*networked*) também: o indivíduo de alto status socioeconômico normalmente participa de um maior número de contatos sociais ou associações (Converse, 1964). O entorno institucional e social em que o

---

11. O básico pode ser o bolso, mas nenhuma teoria séria nega a ação de outros fatores; Weber referia-se como "ação comunal" aos processos de participação atuados por fatores não estritamente utilitários.

indivíduo vive pode ser um estímulo ou desestímulo, embutindo custos ou vantagens; é pois imperativo levar em conta o balanço entre estipulações éticas e jurídicas, de um lado, e intimidações e ameaças, do outro. Se o entorno é percebido como arbitrário, será um custo; se é percebido como imparcial, poderá ser uma garantia de segurança e um aval à participação. Neutralizar tais custos é mais fácil em momentos de grande crise ou comoção nacional.[12]

O sentimento individual de impotência

Outro aspecto importante do entorno social e político tem a ver com sua dimensão numérica. Por exemplo, no Brasil, certa parcela mais escolarizada da classe média seria em tese a mais disposta e capacitada a combater os governos que ela considera incompetentes e corruptos; mas isso não acontecerá se essa parcela perceber o balanço de forças como desfavorável. Sua disposição a participar provavelmente será influenciada em sentido negativo por esse fator: participará tanto menos quanto mais consciência tiver de sua *exiguidade* (em números relativos), ou seja, de sua diminuta expressão numérica diante de um adversá-

---

12. Um bom exemplo brasileiro foi abril de 1984, ápice da campanha das Diretas Já. É difícil dizer em que medida a maioria menos escolarizada da população compreendeu as questões em jogo, mas, na reta final para a votação da proposta Dante de Oliveira (uma emenda constitucional que tornaria direta a eleição do sucessor do general-presidente João Figueiredo), uma grande parte dela parece ter se mobilizado, marcando presença nos grandes comícios. O fato de vivermos uma situação bipolar e bipartidária ("nós" contra o regime militar, MDB × Arena) certamente facilitou a compreensão do processo político naquela oportunidade, como aliás durante todo o período militar. No entanto, muita gente compareceu às manifestações de 2013-6, quando a polarização da sociedade contra a presidente Dilma Rousseff e o PT ainda não era tão grande e certos conflitos de rua inspiravam temor. Não há explicações simples para tais processos.

rio mais forte, seja em termos eleitorais ou no tocante a eventuais confrontos de rua. Outro fator a registrar é o chamado *criss-cross*, isto é, o fato de o indivíduo se sentir sujeito a pressões cruzadas. Numa família dividida em petistas e tucanos intransigentes, os pais frequentemente optam pelo conforto da neutralidade.

Há ainda o que, à falta de melhor termo, vou denominar *efeito grão de areia*. Se, como indiquei no parágrafo anterior, em termos relativos a classe média de alta escolaridade representa uma parcela minúscula do todo social, em termos absolutos ela é ainda assim um conjunto enorme, grande o suficiente para fazer o indivíduo se sentir insignificante dentro dele. Num conjunto formado por dezenas (ou centenas) de milhares de pessoas, podemos então chegar a este paradoxo: o conjunto se sente irrelevante, impotente, ineficaz, não obstante sua dimensão considerável, porque é assim que se sentem os indivíduos que o compõem. O que importa é o sentir individual; e os indivíduos, tomados um a um, são meros grãos de areia.

Bens públicos e efeito carona

O fator mais importante na análise da participação política é, como já se notou, a relação custo-benefício. Quando o bolso aperta, mesmo pessoas pouco propensas a participar decidem-se a fazê-lo. Mas vamos com calma, a questão não é tão simples.

A hipótese em discussão diz respeito a indivíduos que agem racionalmente, ou seja, por motivos utilitários. Tais pessoas vão participar se sentirem que essa atitude lhes é individualmente vantajosa; ou, pelo menos, se perceberem que sem sua participação a consecução do bem demandado pelo grupo poderá não se concretizar. O beneficiário potencial da participação é, pois, um *homo oeconomicus*, um ser utilitário, um indivíduo que agirá se sentir que sua participação *individual* é necessária à obtenção do bem que o grupo reivindica.

Assim, tudo passa a depender do tipo de bem que o grupo se empenha em obter e, mais especificamente, se se trata de um bem divisível ou não. Indivisível é o bem que os cientistas políticos e economistas denominam bem público ou coletivo. O traço que o define é a impossibilidade de provê-lo a uma minoria ou mesmo a um único indivíduo se ele não for provido ao mesmo tempo e em iguais condições a toda a categoria reivindicante. Voltemos à passarela construída naquele bairro distante. Uma vez concluída, a prefeitura não pode facultar seu uso somente às pessoas que ativamente a reivindicaram: tem de permiti-lo a todos ou a nenhum. A passarela "pertence" a todos — ou seja, é um bem coletivo.

De que forma a indivisibilidade do bem afeta a participação? Há aqui uma referência obrigatória, o livro *The Logic of Collective Action*, de Mancur Olson Jr. A conexão é o efeito *free-rider*, o "caroneiro": quer dizer, a existência de indivíduos que preferem pegar carona a participar da reivindicação. Dado tratar-se de um bem público, não há como provê-lo só a alguns e negá-lo aos demais. Assim, *free-rider* é aquele que aparece só na hora de usufruir dos resultados. Podemos gostar ou não de tal atitude, fazendo sobre ela a avaliação moral que quisermos; o que não podemos é subestimar sua importância numérica. Centenas, milhares ou milhões de pessoas, dependendo do caso, podem considerar (em graus variáveis de consciência ética) que racional é ficar em casa, uma vez que o bem pleiteado será (ou não) obtido do mesmo jeito. Se o objeto reivindicado é um bem público, um grande número de pessoas tenderá a se comportar dessa forma.

Vejamos agora o tema da corrupção. Entre 2013 e 2016, as pesquisas indicavam que pelo menos 70% dos cidadãos estavam informados sobre a sucessão de escândalos e o envolvimento de numerosas autoridades em falcatruas de todo tipo, desde fraudes em licitações e superfaturamentos nas obras de infraestrutura encomendadas para a Copa do Mundo até desvios que quase levaram à falência a maior empresa do país — a Petrobras. Em 2013, a associação entre o questionamento dos gastos com a Copa e aumentos nas tarifas dos transportes públicos intensificou abruptamente a ira popular contra as autoridades públicas nos três níveis de governo. O contato entre esses dois polos, grandemente facilitado pela cobertura de TV, produziu o curto-circuito que deflagrou as manifestações. Em 2015, os polos passaram a ser, do lado econômico, a conjuntura catastrófica a que o país chegou durante a administração Dilma Rousseff e, do lado cívico e simbólico, a indignação contra o esquema de corrupção descoberto na Petrobras. Somadas, essas duas causas levaram milhões de pessoas às ruas.

Mas a vida cotidiana prossegue numa aparente normalidade, justamente em razão das restrições olsonianas a que antes me referi. Em termos absolutos, o comparecimento às manifestações parece grande, mas em termos relativos é modesto. O problema é que "um governo ético" — um *estado de não corrupção* — é um bem público. Se a pressão popular tiver êxito — como teve, forçando o Congresso Nacional a abrir o processo de impeachment que levou ao afastamento da presidente Dilma Rousseff em 31 de agosto de 2016 —, o "benefício" estará à disposição de todos, não só dos que se engajaram diretamente nos protestos.

Não por acaso, por maior que seja a indignação, o número de participantes efetivos é sempre muito menor que o de insatisfeitos. Ou seja, a indignação é um motivo necessário, mas não suficiente para produzir ações coletivas de larga escala. A maioria dificilmente sai à rua em momentos relativamente "normais". Sai em momentos moral ou politicamente críticos, a ponto de líderes partidários de primeiro plano e meios de comunicação entrarem em cena, reavivando a identificação de todos com os destinos do país — mais ou menos como aconteceu em 1984 com a campanha Diretas Já, em 1992 com o impeachment do presidente Fernando Collor de Mello e em 2013, pelas razões já indicadas.

Para não concluir numa nota desalentadora, lembro que o citado livro de Mancur Olson Jr. foi publicado em 1968. Nesse período de quase meio século, vários processos importantes contribuíram para a redução dos custos da participação política. Com a revolução nas comunicações, o surgimento do telefone celular e a vertiginosa expansão da internet e das redes sociais, os custos de informação e organização despencaram (ver Sorj e Fausto, 2016). Os "panelaços" ficaram mais baratos. Assim, se é certo que o comportamento da grande maioria dos indivíduos é pautado pela racionalidade custo-benefício, podemos especular que as referidas transformações vieram para ficar, e que seus efeitos a médio prazo serão enormes. Para o bem e para o mal, é preciso que se diga.

2. Ideologia e realidade (ídolos da caverna)

A segunda injunção de Bacon é não nos fiarmos demais nas primeiras impressões, que podem ser simples aparências. Na alegoria platônica da caverna, as figuras que se podiam ver de dentro para fora eram imagens do senso comum, juízos formados a partir de meras convenções ou percepções do dia a dia; percepções ou crenças que nos impedem de apreender a verdadeira realidade. A esta só é possível chegar ascendendo degrau por degrau ao conhecimento verdadeiro.

Consubstanciada principalmente no positivismo de Augusto Comte e no marxismo, a linha platônica de pensamento postula um reino de aparência, ilusão e opacidade, que só pode ser desfeito pelo conhecimento científico e pelo exercício da razão filosófica. O sujeito do discurso contrapõe a aparência à realidade — a percepção dos outros à sua própria — como se a teoria lhe facultasse o acesso à verdade absoluta.

UM DESTINO MANIFESTO AO DESPOTISMO

Da pretensão de extinguir a mera "aparência" e implantar a "realidade" não há melhor exemplo que o vigor com que se costumava proclamar a inviabilidade da democracia nos países mediterrâneos e, de modo geral, no Terceiro Mundo. De fato, desde a segunda metade do século XIX, o antiliberalismo arrogou-se a capacidade de extrair um sentido unívoco da história social e cultural de cada país, apreendendo assim uma lei endógena de desenvolvimento com base na qual poderia ajuizar com segurança a adequação a cada caso dos sistemas políticos existentes. No Brasil, martelada *ad nauseam*, a expressão "realidade brasileira" denotava exatamente isto: um "todo" apreendido com base em métodos supostamente inquestionáveis, ao qual o liberalismo político não poderia jamais se adaptar. Deveria, portanto, ser descartado de uma vez por todas, pois o futuro que a história nos reservara era um "destino manifesto" (embora oculto) a sermos governados de forma autoritária. Tínhamos um encontro marcado com o despotismo.[1]

Até meio século atrás, certos estudiosos acreditavam que a modalidade de antiliberalismo alinhavada no parágrafo anterior era "coisa nossa" — uma reflexão original, calcada tão somente na observação "objetiva" de processos decorrentes de nossa formação ibérica —, do absolutismo português, da Contrarreforma e do modelo de colonização centrado no latifúndio. Erravam por muito. Para bem entender a postura antiliberal a que me refiro,

---

1. Deixo de lado, para não estender excessivamente a discussão, a suposta inviabilidade de formatos institucionais específicos, como o parlamentarismo; por toda parte na América Latina, os antiliberais sempre defenderam a tese de que, em razão dos grilhões do passado colonial, só modelos políticos "executivistas" se ajustariam à realidade.

tão ou mais importante que a herança ibérica é o modo de pensar que tenho denominado *protofascismo*, cujas raízes começam a se formar na reação intelectual à Revolução Francesa. A frondosa árvore da reação deu origem a vários tipos de conservadorismo, organicismo e evolucionismo, todos centrados nos conceitos de nação e Estado, sem esquecer o já mencionado positivismo comtiano, que é parte e parcela desse sistema de ideias. No Brasil, nos anos 1950, esse veio se mesclaria com outras visões antiliberais derivadas do marxismo e do nacional-desenvolvimentismo. Elaborações semelhantes surgiram em diversas periferias da Europa — na Rússia tsarista, por exemplo. Na Ásia, alguns líderes políticos abraçariam variantes dessa doutrina. A que alcançou maior repercussão foi a tese dos "valores asiáticos" propugnada nos anos 1960 por Lee Kuan Yew, primeiro-ministro de Cingapura, e nos anos 1980 por Mahathir Mohamad, primeiro-ministro da Malásia. Do ponto de vista epistemológico, o que as teorias referidas têm em comum é a pretensão de conhecer "cabalmente" (no caso do comtismo) e até antecipadamente (no marxismo) o futuro histórico de cada nação, entendido como uma totalidade; do ponto de vista normativo, o empenho em combater o ideário ocidental da democracia e a filosofia dos direitos universais do homem.

DE PLATÃO AO "PARADOXO DE MANNHEIM"

O conhecimento pretensamente cabal ipso facto caracteriza toda discordância como aparência — como um engano culturalmente estruturado, ou seja, como ideologia. Se o "outro" pensa errado, se não tem acesso ao conhecimento verdadeiro, é porque se tornou refém da ideologia liberal mimeticamente adotada pelas classes dominantes.[2] Ora, no caso brasileiro, o mínimo que se há de reconhecer é que temos duas tradições ideológicas: uma liberal — mais antiga, remontando à fundação do Império — e uma autoritária — basicamente protofascista na primeira metade do século xx e marxista na segunda. Em termos factuais, o que sabemos é que nem a onda autoritária de direita da primeira metade do século xx, nem a ditadura Vargas, nem o ciclo militar de 1964-85, nem a virtual hegemonia marxista nas universidades lograram extinguir o liberalismo como princípio ordenador da vida política. Com o devido recuo temporal, não é difícil dizer por quê. Se devêssemos hegelianamente tentar identificar um "princípio" ou "destino" em nossa evolução histórica, seria mais acertado identificá-lo na liberal-democracia — ou seja, na lenta, difícil, mas persistente construção da democracia representativa — do que em eventuais tentativas de impor alguma fórmula autoritária como um modelo político permanente para o país. A cada abalo do regime constitucional e nas duas interrupções já mencionadas, a getulista e a iniciada com o golpe de 1964, em vez de embarcar numa desassisada tentativa de perenização ditatorial, as elites brasileiras optaram por retornar ao leito original da construção democrática. A não ser durante a ditadura getulista (1937-45), nenhum projeto de extinguir pura e simplesmente a democracia chegou a ser aventado com seriedade; nem mesmo nos 21 anos de dominação militar.

2. Em sentido filosófico, aparência é *o que não é*: é aquilo que não subsiste por si mesmo, que não tem existência autônoma. Em termos não autoritários, não cabe opor "aparência × essência", ou "aparência × realidade", e sim as aparências que um indivíduo percebe como realidade às percebidas por outro indivíduo, com base noutro conjunto de pressupostos. A mesma imposição de uma perspectiva como a única válida existe no historicismo, ou seja, na pretensa capacidade marxista de antecipar o devir dos acontecimentos com base em seu entendimento das realidades econômicas atuais.

No cotejo com o "destino manifesto" ao autoritarismo, vemos, portanto, que a hipótese liberal-democrática faz muito mais sentido. Às observações feitas no parágrafo anterior, é preciso acrescentar que os avanços logrados no sentido da construção democrática não se deveram a uma nítida maioria de liberais; ao contrário, com a acentuada expansão das ideologias de direita e esquerda no transcurso do século XX, o contingente liberal não cresceu na mesma proporção. Ou seja, avançamos no processo de construção democrática não por contarmos com um formidável contingente de democratas, mas *par la force des choses*: ao contrário do que a esquerda e a direita sempre propalaram, as realidades econômicas e políticas foram mais favoráveis à permanência que à liquidação das instituições democráticas. Tal construção deu-se inicialmente, desde o começo do século XIX, sob a égide do liberalismo político e prosseguiu — com solavancos, *ça va sans dire* — durante todo o século XX. Se há correntes autoritárias, revolucionárias, reacionárias, totalitárias etc., também há correntes politicamente liberais. Resumindo, há pelo menos duas tradições ideológicas, uma autoritária e outra liberal, sendo esta a mais antiga.

Da opção inicial pela representação como princípio constitucional, em 1824, até os dias de hoje, o projeto de um Estado democrático e representativo só foi ameaçado de total erradicação durante a ditadura varguista de 1937 a 1945. O que mais reclama explicação é, portanto, a persistência da hipótese antiliberal durante todo o transcurso do século XX. Cabe, pois, invertê-la, ou seja, questioná-la nos termos do "paradoxo de Mannheim" — sugestão feita em 1964 pelo antropólogo Clifford Geertz: a "tendência do conceito de ideologia a se deixar absorver por seu próprio referente", ou, em linguagem caseira, o fato de que toda inquinação de ideologia pode facilmente ser redirecionada contra quem a faz. Seguindo o ensinamento de Geertz, tratarei como ideologia a tese do "destino autoritário manifesto" e o holismo antiliberal que lhe é subjacente.[3]

A pedra de toque do holismo antiliberal é a contestação de toda construção institucional deliberada como um enxerto artificial num todo que se teria constituído "organicamente" ao longo de séculos. Essa é a base de uma retórica que se desdobra como uma série de dualidades abstratamente petrificadas: o mecânico, artificial ou geométrico contra o real, orgânico e natural; a vida real, formada por elementos indivisíveis, contra o engenho puramente mecânico, desmontável e remontável; a essência contra a aparência; o heterônomo contra o autônomo; o falso, alienado e inconsciente contra o verdadeiro, autônomo e consciente de si; o inautêntico contra o autêntico; o social e substantivo contra o "meramente" formal ou jurídico; o externo contra o interno; o distante, estrangeiro, importado, internacional e cosmopolita contra o próximo, nacional, local e presente; a nação fechada, protegida contra a nação aberta, porosa a influências maléficas; o necessário contra o contingente; o imanente contra o transcendente.

3. O conceito de ideologia permanece útil se entendido num sentido flexível, sem as conotações dogmáticas que geralmente o acompanham na literatura das ciências sociais e, em particular, na literatura marxista. Desacoimá-lo de seus antigos dogmatismos foi, com efeito, o objetivo de Clifford Geertz em seu célebre ensaio "A ideologia como um sistema cultural", publicado em 1964. Geertz propôs ver a ideologia como um entre os diversos tipos de sistemas que encontramos no universo cultural. As ideologias podem deformar a realidade, criando percepções ilusórias, mas podem também funcionar como um auxílio ao conhecimento, uma vez que é mediante *templates* que apreendemos de forma abrangente e estruturada o entorno social em que vivemos. Em tal acepção, as ideologias não são necessariamente "reflexo" ou "efeito" de interesses; elas têm funções cognitivas importantes, descabendo interpretá-las como necessariamente restritas ao domínio das distorções, ilusões e aparências.

Esse modo de pensar fundado em disjuntivas hipostasiadas é rigorosamente incompatível com a epistemologia liberal. Avesso à ideia de um "todo" histórico pairando acima dos indivíduos e grupos reais, o liberalismo afasta-se da contraposição platônica entre opacidade e transparência. Rejeitando também a pretensão marxista-historicista de conhecer antecipadamente o curso futuro da história, o liberalismo enfatiza a incerteza, o conhecimento por aproximações sucessivas e a multiplicidade das percepções possíveis de uma mesma realidade.

FASES DO ANTILIBERALISMO

Uma característica importante da retórica acima descrita é seu manifesto *a-historicismo*. Os escritores antiliberais invocam a história a todo momento, mas argumentam como se a democracia devesse nascer pronta, "de galho", descurando por completo a complexa construção institucional que lhe é inerente. Tudo se passa como se o fato de não nascer pronta "demonstrasse" sua inviabilidade. Quanto a este ponto, o italiano D'Orazio — autor de *La fisiologia del parlamentarismo in Italia*, publicado em 1911 — é talvez insuperável:

> Existem remédios contra a loucura e a cegueira? Todos os expedientes elaborados até agora para atenuar os males do parlamentarismo têm se revelado ineptos ou inadequados. O escrutínio de lista, a representação proporcional, a imunidade parlamentar, o referendo popular, a descentralização administrativa, o voto obrigatório, o voto por classes, a eleição em dois graus, o voto plural, tudo isso foi testado, entre nós ou em outros lugares, e nada funcionou. Pode-se ter certeza de que o mesmo aconteceria com outros remédios, menos ou mais peregrinos e teóricos, como a dimi-

nuição do número de eleitores, ou do número de deputados, o voto por região, a representação profissional, ou a proibição de reeleições após certo número das legislaturas. Em medidas dessa natureza, já ninguém crê; falar de tais panaceias só serve para fazer as pessoas rirem. (p. 13.)

No Brasil e creio que em toda a América Latina, de uma forma acentuada, a obsessão contra as "ideias importadas" acabou por se associar a certa esquerda nacionalista, mas, como já se notou, ela não tem origem na esquerda, nem a esquerda a dominou completamente. Limitando nossa análise ao período republicano, três subperíodos podem ser distinguidos. No primeiro, que compreende toda a primeira metade do século xx, a influência predominante foi nitidamente a protofascista. A retórica anteriormente esquematizada aplica-se ipsis litteris a seus principais expoentes, Alberto Torres (1938) e Oliveira Vianna (1950). A Constituição republicana de 1891 e toda a reorganização do sistema político nela estipulada não seriam mais que um verniz, um enfeite importado bem ao gosto da elite dirigente da época. A absorção do pensamento liberal europeu e norte-americano por uma parcela da elite brasileira nada mais seria então que um "sintoma" de nosso raquitismo nacional, não uma indicação de abertura a ideias políticas avançadas e muito menos de algum interesse potencialmente prático.

No segundo período, que não suprime as pegadas do primeiro, o tema em questão passa a ser tratado segundo um sincretismo marxista e nacional-desenvolvimentista. Na produção do Instituto Superior de Estudos Brasileiros (Iseb), o holismo raia ao paroxismo, não distando muito de transformar o caso brasileiro numa "singularidade" histórica. Vieira Pinto e Corbisier afirmam que a alienação (inautenticidade, heteronomia) ontológica — consequência da formação colonial: "tudo é colonial na colônia"

— é o ponto de partida sine qua non para um entendimento crítico de nossa nacionalidade. No protofascismo, a raiz dos problemas nacionais é a incongruência resultante do enxerto de ideias e instituições liberais no organismo vivo da nação, que as rejeita. No marxismo, tal desajuste é compreensível e em última análise funcional, pois as referidas instituições e ideias são a expressão ideológica necessária dos interesses da classe dominante.[4]

ROBERTO SCHWARZ: VICISSITUDES DO HISTORICISMO

O terceiro período configura-se a partir dos anos 1970, tendo como referência praticamente exclusiva o ensaio "As ideias fora do lugar", de 1974, com o qual o crítico literário Roberto Schwarz deu à visão que estamos examinando sua forma canônica e definitiva.[5] Uma das vantagens desse estudo é ter o autor se apoiado num referencial homogêneo e consistente: a obra de Machado de Assis. Deixando praticamente de lado a esfera político-institucional, ele se concentra na estrutura social, vale dizer, nas relações interpes-

---

4. Albuquerque (1981, p. 430), por exemplo, escreve: "Uma corrente de estudiosos da História brasileira, a partir da segunda metade do século xix, deteve-se na crítica ao artificialismo determinado pela excessiva dependência dos ideólogos brasileiros em relação aos padrões importados da Europa. No entender destes analistas, a transposição quase mecânica de formas de comportamento social seria a explicação mais profunda das dificuldades opostas à formação de uma consciência nacional. Esta posição idealista não leva em conta que a presumida artificialidade dos princípios doutrinários importados e das instituições que eles organizaram no Brasil alcançava satisfatória funcionalidade no reproduzir e manter os interesses do bloco de classes hegemônico".
5. Pode-se aventar um quarto período, centrado na antinomia "democracia substantiva" × "democracia formal" ou "institucional". A partir de 1985, com o restabelecimento do regime civil, os extremos ideológicos de direita e esquerda paulatinamente aquiesceram em participar da democracia representativa, mas sem abrir mão da ambiguidade embutida na referida contraposição.

soais, tomando, assim, o universo literário machadiano como base empírica e como um poderoso auxílio na compreensão subjetiva e moral do comportamento dos personagens. Sua abordagem é marxista, portanto ancorada no modo holista de pensar, mas difere em aspectos importantes de trabalhos anteriormente mencionados; diferentemente de Albuquerque, por exemplo, que destaca a "satisfatória funcionalidade" das ideias liberais para as classes dominantes, apesar do contexto colonial, Schwarz parece vê-las como uma ideologia literalmente descolada da realidade social, pairando no ar, prestando-se quando muito ao que ele chama de "comédia ideológica". Apresenta-as como ideias "fora do lugar", e mesmo, diria eu, *sem lugar*, como um adereço inútil no plano dos interesses, embora de inexcedível valia como estímulo à ironia filosófica de Machado. Ao contrário da Europa — seu lugar de origem, onde correspondiam razoavelmente bem à realidade social vivida, e por isso tinham uma serventia definida como parte da dominação ideológica burguesa —, no Brasil, segundo Schwarz, as ideias liberais permaneciam decididamente externas ao tecido social. Na íngreme estratificação social baseada na escravidão e numa diminuta camada média, o amálgama das relações sociais, afora a violência, era o favor, ou seja, o paternalismo, a proteção, o endividamento moral do inferior em relação ao superior. Nesse quadro, o liberalismo é externo e inútil, porque não provê uma descrição minimamente verossímil dos comportamentos sociais.

Nos termos das referidas disjuntivas antiliberais, em Schwarz só seria autônoma, natural, orgânica, verdadeira etc. uma linguagem descritivamente rente às relações sociais reais, como um espelho ou um retrato em close da sociedade empiricamente existente. Segue-se que, entre nós, o liberalismo haveria de ser total e necessariamente heterônomo, eis que fundado em imagens, *templates* e argumentos descolados e distanciados das relações reais, vale dizer, pairando sobre elas ou transcendendo-as.

Embora invoque a ambição marxista de fazer o vaivém teórico entre o universo local da colônia e o mundial do capitalismo avançado, Schwarz na verdade não recorre a comparações históricas, salvo o mencionado contraste entre "nós" e a Europa. Chama a atenção o fato de não se referir sequer aos Estados Unidos, a sociedade mais liberal do planeta, construída em grande parte sobre uma escravidão tão ou até mais opressiva que a brasileira, cujas marcas profundas só começaram a ser de fato removidas nos anos 1950, com a intervenção da Suprema Corte determinando o fim da segregação racial.

Desde então o liberalismo, àquela altura mais que consolidado na esfera nacional, foi reforçado pela ascensão social dos negros e pela entrada de um grande número deles no mundo empresarial. Essa constatação parece-me suscitar uma primeira dúvida a respeito da análise de Roberto Schwarz. Por que no Brasil não presenciamos nessa área um avanço comparável ao norte-americano? Seria devido a uma distância intrínseca e sideral entre nós e os Estados Unidos, sendo a miserabilidade de nossos ex-escravos um dado por assim dizer irremovível de nossa história? Ou porque o liberalismo de nossas classes dominantes, débil já na origem, no século xix, se debilitou ainda mais no embate com o protofascismo e posteriormente com o marxismo na primeira metade do século xx? Essa indagação não entra aqui como Pilatos no Credo, muito menos como um ocioso exercício contrafactual, mas como introdução a dois casos específicos de argumentação liberal referida à escravidão e ao racismo. Uma referência obrigatória de tal discussão no tocante aos Estados Unidos é, como se recorda, o monumental estudo de Gunnar Myrdal, *An American Dilemma: The Negro Problem and Modern Democracy*, publicado em 1944, fruto de uma encomenda feita ao economista sueco pela Fundação Carnegie. A principal *policy recommendation* da obra, já anunciada no subtítulo, era o movimento negro recorrer intensivamente aos valores liberal-democráticos do país, jogando-os, por assim dizer, contra a desigualdade e a discriminação que insidiosamente permaneceriam.[6] Essa alusão ao caso norte-americano serve como referência a um pecadilho de Roberto Schwarz: o anacronismo de sua análise. Ele descreve a "comédia ideológica" resultante do encontro do liberalismo com a escravidão *sub specie aeternitatis*, não se dando conta de que, nos primórdios, toda democracia, e, mais que isso, todas as experiências ocidentais de constitucionalismo e liberdade tiveram como fundamento sistemas de pensamento em alguma medida "fora do lugar".

No Brasil, embora seja certo que numerosos sociólogos e antropólogos estudaram em profundidade a questão racial, só uma pesquisa específica poderia esclarecer quais valores — os liberais ou antiliberais — lhes pareciam mais promissores como arcabouço moral para a redução das sequelas da escravidão. O posicionamento dos dois expoentes do protofascismo não comporta margem para dúvida: Alberto Torres, paternalista, criticou a abolição como uma medida "precipitada", e Oliveira Vianna foi, como sabemos, um notório racista.[7] Em Torres (1938), encontramos este sincero depoimento:

A escravidão foi uma das poucas cousas com visos de organização que este país jamais possuiu; nas aéreas instituições políticas que temos tido, as boas intenções do segundo monarca, a honestidade e o saber de seus ministros, não conseguiram fazer descer para o nível dos fatos a nuvem luminosa das doutrinas adotadas; a República vai sendo um jogo floral de teorias, sobre um campo de misérrimas realidades. Social e economicamente, a escravidão deu-nos, por longos anos, todo o esforço e toda a ordem que então possuíamos, e fundou toda a produção material que ainda temos. A moral dos seus costumes foi superior à das relações desapieda-

---

6. Ver Lamounier (2014), pp. 117-9.
7. Ver Lamounier (2014), capítulo 8.

damente cruas dos anglo-saxônios com os pretos e indígenas, nos Estados Unidos. (p. 72)

Rente à realidade social e verossímil, a fala de Alberto Torres certamente era, mas nada há nela que lembre sequer remotamente o *American Dilemma* de Gunnar Myrdal. Entretanto, apenas cinco anos após a publicação do citado trecho de Alberto Torres, algo digno de nota apareceu. Coube ao liberal Rui Barbosa, na campanha presidencial de 1919, fazer o mais importante pronunciamento sobre a questão social na Primeira República, e nele, compreensivelmente, não demonstrou nenhuma paciência com os que lançavam dúvidas sobre suas convicções no tocante à abolição e ao tratamento dado aos ex-escravos:

> Com que, senhores, sou então eu o que me hei de considerar obrigado a exculpar-me da increpação, que os meus caluniadores não documentaram? Eu, o advogado gratuito e desinteressado dos escravos? Eu é que me devo levantar, cabeça baixa, à barra do tribunal, para demonstrar que, amigo ontem do trabalhador cativo, não aborreço hoje o trabalhador livre? [...] Mas o que fizeram dos restos da raça resgatada os que lhe haviam sugado a existência em séculos da mais ímproba opressão? Cumpria às leis nacionais acudir-lhe na degradação, em que tendia a ser consumida, e se extinguir, se lhe não valessem. Valeram-lhe? Não. Deixaram-na estiolar nas senzalas, de onde se ausentara o interesse dos senhores pela sua antiga mercadoria, pelo seu gado humano de outrora [...]. Dar liberdade ao negro, desinteressando-se, como se desinteressaram absolutamente de sua sorte, não vinha a ser mais do que alforriar os senhores. Era uma segunda emancipação o que se teria de empreender. (Ver Barbosa, 1995, pp. 426-9.)

Em 2012, revisitando o debate suscitado por seu ensaio, Schwarz escreveu que teriam errado o alvo os críticos que lhe atribuíram a tese de que as ideias liberais [*por serem liberais*] estavam fora de lugar no Brasil. Mas será que erraram mesmo? "O propósito do ensaio", Schwarz escreveu, "*não foi de afirmar, pela enésima vez, que as instituições e ideias progressistas do Ocidente são estrangeiras e postiças em nossos países*, mas sim de discutir as razões pelas quais parece que seja assim."[8] Seu objetivo, portanto, não foi constatar o já supostamente constatado, mas ir além disso, seguindo uma via análoga à da sociologia do conhecimento, com a diferença de que as ideias examinadas não são imputadas a uma classe, como em Mannheim, mas à formação social como um todo. É, pois, fora de dúvida que, além das carências comparativas precedentemente apontadas, Schwarz não se afasta da perspectiva básica dos antiliberalismos que vicejaram no Brasil. Com duas especificidades: de um lado, a concepção marxista da superestrutura político-jurídica como uma esfera "meramente formal", que entre nós sempre implicou uma clara subestimação da construção institucional iniciada já ao tempo da Independência; do outro, implicitamente, a já referida tendência a pensar a sociedade nacional como um todo fechado, um organismo em tese capaz de se manter autônomo e congruente, mas que se desajusta e desequilibra quando submetido a intervenções "externas" ou "artificiais".

O MITO ORGANICISTA DA NAÇÃO CONTRA A "METAFÍSICA BURGUESA" DOS DIREITOS NATURAIS

Cultivado com afinco pelo protofascismo, o mito da nação como um organismo fechado não resiste ao menor exame, sendo

---

8. Roberto Schwarz, "Por que 'ideias fora do lugar'?". *Martinha versus Lucrécia: Ensaios e entrevistas*. São Paulo: Companhia das Letras, 2012, p. 167. (Grifos do autor.)

amplamente contraditado pela literatura sobre a formação dos Estados e das constituições representativas do Ocidente (ver Hintze, 1938, pp. 112-23). Influenciadas desde a Idade Média pelo cristianismo, pela redescoberta do direito romano e pela filosofia estoica, as instituições ocidentais sempre assimilaram alguma referência à dignidade do indivíduo como um critério externo pelo qual os regimes historicamente existentes deveriam ser julgados. Essa evolução culminaria, como sabemos, na filosofia dos direitos naturais — à qual os marxistas sempre se referiram como uma joia da "metafísica burguesa". Direitos naturais: estarei acaso falando de uma velharia filosófica? Ou de um conceito efetivamente presente no pensamento jurídico do mundo civilizado, reavivado e reafirmado através da doutrina dos direitos humanos, central nos acordos celebrados em Helsinque em 1973? Como ignorar o impacto de tal reafirmação no desenvolvimento da dissidência soviética, sob a liderança de Soljenítsin e Sakharov?

Retornemos, porém, aos primórdios do mundo moderno e à tradição filosófica dos direitos naturais, que leva a Rousseau e, através dele, ao anarquismo, a diferentes tendências socialistas e ao próprio Marx. Obviamente, o fundamento de tal doutrina nada tinha de "descritivo" ou "verossímil" no sentido dado a esses termos por Roberto Schwarz; bem ao contrário, era o "critério externo" ou transcendente a que há pouco me referi. Não havia (como não há) nela nenhuma relação necessária com relações sociais empiricamente existentes. O que há é um enunciado valorativo, uma referência ao desejável, uma antecipação do que a sociedade *deveria ser*, lastreada na noção de uma humanidade comum; não num critério rente ao real, mas descolado dele, e por isso moral e potencialmente revolucionário.

A Declaração da Independência dos Estados Unidos, aprovada em 2 de julho de 1776 pelo Congresso Continental, faz uma clara defesa do direito de rebelião contra a tirania. Na proposta originalmente submetida pela delegação da Virgínia (por ironia, um estado arquiescravista!), lê-se que "os homens são criados iguais e dotados pelo criador de certos direitos inalienáveis, entre os quais a vida, a liberdade e a busca da felicidade" (Becker, 1922, p. 8). Difícil encontrar uma ideia mais fora do lugar que essa. Se a intenção dos delegados da Virgínia fosse enunciar algo "rente" ou "ajustado" ao lugar, o melhor teria sido calarem-se sobre a figura do indivíduo, ou endossarem com todas as letras o status quo, dizendo que *alguns* homens — uma minoria, os proprietários — tinham tais direitos, deles privando os demais, por serem escravos ou por dependerem para sua sobrevivência do favor de outrem, ou seja, de homens livres e de preferência proprietários.

3. Identificação, recriação e purificação (ídolos do teatro)

Ídolos do teatro, como se recorda, são pensadores em relação aos quais tendemos a mostrar uma deferência excessiva. Bacon, dirigindo-se à área das ciências naturais, preocupava-se em particular com a influência de Aristóteles, a quem via como a própria antítese da ciência moderna.[1]

Na filosofia política moderna, o grande nome a destacar é Jean-Jacques Rousseau. Subestimar a importância histórica e filosófica de sua obra seria uma grande tolice; mas seu poderoso impacto durante os últimos dois séculos e meio requer um exame cuidadoso.

Rousseau não foi apenas um grande filósofo: foi um grande profeta. Nenhum outro pensador de seu tempo percebeu com tanta clareza a solidão do indivíduo na sociedade moderna e a

---

1. Submetida a um crivo rigoroso, a influência de certas obras parece dever-se menos a seu mérito intrínseco que ao prestígio de seus autores, que não raro tratam de reforçá-lo recorrendo a táticas de autopromoção. Isso, na atualidade, os estudos sociológicos sobre a vida intelectual demonstram à saciedade.

necessidade de vínculos afetivos e comunitários mais densos, com os quais todos os homens pudessem se identificar plenamente. Rousseau flagrou no nascedouro a formação do sentimento nacional e tudo fez, inspirando-se nos antigos modelos de Esparta e Roma, para torná-lo mais disciplinado e potente. Pregando a recriação revolucionária da ordem social existente, seu projeto filosófico teve um efeito determinante na formação das ideologias anarquistas e socialistas do século xix e posteriormente, de maneira oblíqua, na do próprio fascismo. Propondo-se deitar abaixo não apenas as instituições de governo, mas também as ordens estamentais (clero, nobreza e povo), Rousseau foi o primeiro a "antever" a sociedade sem classes. Profeta do indivíduo, seu legado foi reivindicado por uma parte do pensamento liberal; profeta da igualdade, deu origem ao mito da revolução total, que logo após se manifestaria na Revolução Francesa. O pensador também foi decisivo na concepção de um "homem novo" — coroamento utópico da era das ideologias —, assimilada in totum pelo anarquismo e pelo marxismo. Quebrar as estruturas da sociedade atual não seria suficiente: haveria que reeducá-la, refazê--la de alto a baixo, libertá-la dos traços ideológicos mais recônditos da "sociedade burguesa". A grandeza de seu pensamento é, pois, indiscutível; a questão é se foi benfazejo ou, ao contrário, o pilar inicial dos regimes de terror do século xx, que Talmon (1970) propôs designar como "democracias totalitárias".[2]

---

2. Talmon usa a expressão "democracia totalitária" a fim de ressaltar as premissas universalistas do rousseaunismo e em geral da esquerda, contrapondo-se às pressuposições racistas e nacionalistas do totalitarismo de direita. Essa distinção deve ser tomada com cautela, pois subestima a semelhança entre o marxismo e o fascismo como doutrinas antiliberais e antidemocráticas, bem como a influência de Rousseau e do Romantismo no protofascismo e no fascismo propriamente dito.

IDENTIFICAÇÃO: EM BUSCA DE UMA NOVA COMUNIDADE

Não há como falar em Rousseau sem falar no Romantismo, o grande movimento estético e de pensamento que começa com ele e do qual ele permanece como um dos principais símbolos. Como doutrina estética, o Romantismo parte da intensa valorização do indivíduo inaugurada por Rousseau no contexto de sua impiedosa avaliação da modernidade. Um individualismo que nada tem a ver com aquela autossuficiência tão prezada no folclore norte-americano. É justo o oposto: reflete uma compaixão pelo homem sentenciado ao isolamento no meio de uma sociedade que não o reconhece. Esse, ao ver de Rousseau, não é o destino de *alguns* homens, dos pobres, ou da baixa classe média, mas de *todos* os homens. É o destino da humanidade na sociedade burguesa. Trata-se aqui do tema do *atomismo*, amplamente explorado pelos antiliberais de direita durante o século xix e por vertentes diversas da sociologia durante o século xx. Quem o expressa com admirável precisão é Bloom (1996, pp. 43-4):

> Rousseau previu a queda de todas as estruturas que mantêm os homens unidos. E deu origem à análise das relações humanas em termos da oposição entre as pessoas, sem nenhuma ponte para uni-las, como é moda até hoje. A humanidade comum é só uma abstração que não tem efeito nos indivíduos e não produz nenhum bem comum reconhecido. Cada qual conhece os outros como um cientista conhece os corpos da natureza, ou seja, não de dentro para fora, e sim por um orifício na caixa cartesiana fechada da percepção consciente. A nova filosofia e a nova ciência natural haviam reduzido os homens a átomos sem conexão natural. Todo mundo precisa de alguém, mas ninguém se interessa de fato por outra pessoa. Hobbes disse que todos estão naturalmente em

guerra contra todos, e, apesar de discordar um pouco dessa regra, Rousseau aceita a ideia de que a sociedade civil se baseia nessa premissa. A sociedade civil e as relações entre os homens dentro dela são apenas extensões daquela guerra por meios pacíficos, substituindo o combate mortal por diversos tipos de competição e exploração, principalmente econômica. A relação básica é constituída por contrato, ou melhor, é uma relação entre dois indivíduos que continuam a ser indivíduos, os quais estão firmando um contrato que só é válido enquanto contribui para o bem-estar individual de cada um. Os laços entre eles são artificiais e calculados, e, o que é mais importante, são experimentais. Nessas condições, o sistema de defesa do homem está sempre alerta.

Deus de duas faces, uma voltada para o passado, outra para o futuro: assim é o Romantismo. Bem como há um romantismo medievalístico, passadista, nostálgico de uma era remota, há um outro futurista, fáustico, no limite revolucionário. O primeiro, esboçado ainda com certa sobriedade por Edmund Burke, no fundo um liberal, cristaliza-se como uma reação aos excessos da Revolução Francesa, sendo a partir de então plenamente assumido como ideal estético por uma legião de romancistas e poetas, notadamente por Sir Walter Scott, o grande mestre do romance de cavalaria. Tendo como cerne uma visão idealizada do passado e da própria Idade Média, o polo passadista redesenha como ideal a vida de pequenos vilarejos e o trabalho no campo, geralmente recorrendo a uma imagética suave, a fim de reapresentar como desejável a sociedade tecnologicamente singela de outros tempos — com sua estratificação social atribuída a desígnio divino, na qual os pobres tinham obrigação de deferência e os afortunados, obrigação de proteção social e militar; mundo real ou imaginariamente regido por regras de fé e lealdade. Mas, claro, as coisas não são assim tão simples. Rousseau, o profeta da Revolução, compartilhava a visão passadista da vida simples do meio rural francês, centrado na família e na comunidade; mais que isso, como bem o mostra Ladurie (2002) em sua monumental história do campesinato francês, Rousseau foi, assim como Voltaire, um opositor ferrenho da escolarização da população rural.

No polo fáustico, um otimismo não menos ingênuo, querendo crer que o futuro será necessariamente melhor que o presente e o passado. Subjacente a esse otimismo, como assinalei de passagem, acham-se a ideia de progresso e a fé na perfectibilidade: a suposição de que, através da história, valendo-se dos recursos que ela cria, o homem se autoaperfeiçoa e trabalha não apenas para reduzir mazelas sociais hoje existentes, mas para saná-las em definitivo, preparando assim o advento de um mundo mais integrado, em um nível superior de sociabilidade.

A RECRIAÇÃO COMO REVOLUÇÃO TOTAL

O indivíduo romântico vive uma comunhão vicária com a sociedade, a história e a natureza; com o passado, na vertente reacionária, e com o futuro, na vertente fáustica e futurista. No segundo caso, faz sentido postular um estreito parentesco entre a visão da transformação social avançada por Rousseau e a teoria marxista da ideologia: para mudar a sociedade, é mister quebrar a crosta de convenções e mistificações responsável pela "opacidade" que se interpõe nas relações entre as pessoas e grupos sociais, abrindo assim o caminho para uma sociabilidade humana "transparente" desabrochar em sua plenitude, como uma realidade prístina e intocada.

O Romantismo caracteriza-se por uma intenção de refundar a sociedade como um pacto entre iguais e de agir diretamente para recriar o mundo segundo o ideal comunitário. É o mito do reencontro com o "bom selvagem" — voltando à singeleza dos tempos imemoriais em que ele teria vivido, ou vendo o recurso à força como a parteira capaz de facilitar o advento de uma nova "boa sociedade" concebida à sua imagem e semelhança. Movida por um desejo intenso de suspender o fluxo habitual da vida, de lutar por uma liberação "absoluta", a vertente fáustica e futurista busca o engajamento na luta social a fim de refazer radicalmente o mundo. Trata-se daquele anseio de revolução total de que fala Yack (1992). Durante o século xx e, em certa medida, mesmo nos dias de hoje, esse Romantismo impregna por toda parte a vida política: em todas as classes e grupos etários, políticos, estudantes, intelectuais, artistas e clérigos imbuem-se da crença de que só através dessa fonte fáustica chegarão à plena posse de sua alma e ao sentido de sua vida. Num país como o Brasil, socialmente dilacerado e dilacerante, essa forma de Romantismo compreensivelmente se alastra com vigor. Para muitos, a esfera das instituições passa a ser vista como uma engrenagem kafkesca cuja única função é reproduzir a opressão e o horror. A aspiração política de estabilidade e continuidade torna-se irrelevante. Aqueles, homens e mulheres, que assim vivenciam o cotidiano parecem vagar atordoados entre um passado que não se vai e um futuro que não chega, ou que chega em compassos lentos e rigorosamente iguais. Movidos pelo impulso romântico, eles vivem vicariamente o anseio da ruptura.

PURIFICAÇÃO: DO DESEJO ÀS EXPERIÊNCIAS REAIS

Entre os antiliberais latino-americanos, à esquerda e à direita, grassa desde há muito uma forma característica do Romantismo revolucionário. É o desejo de recriar radicalmente a sociedade em busca de uma "anarquia" — no sentido etimológico: uma ordem social espontânea, livre de convenções sociais, mas sem abrir mão do Estado, preservado para a eventual necessidade de reprimir recalcitrantes e para centralizar as ações relacionadas ao crescimento da economia. Inclinado ao populismo, esse Romantismo *at a second remove* vivencia (ou pretexta vivenciar) uma comunhão com o "povo" ou a "nação", como ocorre no fascismo e em várias formas de populismo, e com o proletariado, na variante marxista. Em ambos os casos, ele despreza as instituições e propende a agredi-las.

O economista austríaco Joseph A. Schumpeter registrou com muita argúcia a presença de um substrato romântico na disseminação do marxismo entre os jovens e entre certos intelectuais "a quem os deuses parecem ter concedido a graça da juventude eterna":

> Palpitando de impaciência para entrar na liça, desejando ardentemente salvar o mundo, desgostosos dos tratados teóricos de indescritível tédio, emocional e intelectualmente insatisfeitos, incapazes de atingir a síntese por seus próprios esforços, em Marx eles encontram tudo o que desejam. Lá está a chave para os mais recônditos segredos, a varinha mágica que explica os grandes e os pequenos acontecimentos; um esquema explicativo que é, ao mesmo tempo, ultrageral e ultraconcreto. Já não precisam sentir-se fora dos grandes acontecimentos da vida [...]. (1942, p. 62.)

Mas Schumpeter não chegou a perceber ou não teve oportunidade de discutir uma contraposição de suma importância, presente, ao que tudo indica, nas atitudes dos descendentes revolucionários de Rousseau em todo o mundo. Refiro-me à discrepância entre aquele desejo ardente de entrar na liça e o quase nenhum interesse em conhecer os resultados de embates passados — ou seja, das revoluções e de seus intentos purificadores.

Para bem compreender este ponto, convém retornarmos brevemente à lógica do contrato comunitário imaginado por Rousseau. Na filosofia rousseauniana — começo repisando seu ponto de partida — a liberdade proporcionada pelo Estado constitucional é um fetiche, uma nova forma histórica de escravidão. Liberdade e sociedade burguesa são termos antitéticos. A liberdade real começaria a ser constituída no momento em que o indivíduo se entregasse de corpo e alma à "vontade geral" — ou seja, a um "todo" social objetivo, constituído por todos os interesses relevantes que os homens têm em comum. Essa é a ordem natural, a única ordem verdadeira e possível. Fora disso, o que há é mistificação e opressão. Ao se identificarem com ela sem ressalvas, todos os membros isolados da sociedade transformam-se num corpo único e ipso facto no único soberano legítimo. O conceito rousseauniano de vontade geral assenta-se portanto numa noção de soberania popular que é justamente o oposto da consagrada pelo moderno liberalismo democrático; neste, ela coincide com a manifestação das urnas, pouco importando quão diversificados e contraditórios os resultados eleitorais se apresentem em cada caso.

Trata-se, pois, de uma crença na viabilidade e superioridade ética de um governo continuamente dependente de legitimação plebiscitária, sem intermediações, pela massa dos cidadãos. Uma doutrina, claro está, não apenas utópica, mas com alto potencial autoritário. Como prescreve toda visão holista, legítimo, para ela, é exclusivamente o todo, a manifestação unânime, sem espaço para minorias ou dissidências.

Mas em que instituição se materializa a soberania popular postulada por Rousseau? Antes de afirmar que ela só existe como ficção, façamos aqui a leitura mais benévola possível da tese do filósofo genebrino. O soberano que ele pensou só é concebível como uma democracia direta, permanentemente reunida ou convocada de modo sucessivo, a curtos intervalos. Em qualquer sociedade medianamente complexa, novas questões de interesse geral surgem e outras já identificadas requerem reformulação. Presumir consenso não é apenas um jogo de palavras, é uma impugnação da teoria, uma vez que Rousseau exige a adesão consciente de cada cidadão tomado individualmente, sem a mediação de partidos ou associações políticas. O corolário é severo: o soberano só se constitui pela participação de todos e pela subsequente aferição do consenso; é pois um soberano diáfano, um vaga-lume que aparece e logo desaparece sem que seu papel possa ser exercido sequer momentaneamente por um soberano material e estável, como o é o Estado na teoria liberal. Na Revolução Francesa, a tensão política decorrente dessa aporia foi ilustrada com clareza e muito sangue derramado, condensando-se principalmente na figura de Robespierre e na dos doze integrantes do Comitê de Segurança Pública, que não hesitaram em implantar o terror para a conveniente reeducação do país.[3]

Durante muitas décadas, aqueles jovens "ansiosos por entrar na liça" quiseram acreditar que o marxismo, em virtude de sua fundação teórica sem dúvida mais sólida que a do Romantismo rousseauniano, poderia recriar e purificar a sociedade sem arcar com o alto custo que recaiu sobre os franceses. Este ponto da argumentação oferece-nos uma boa oportunidade para revisitar Schumpeter. O célebre economista e historiador austríaco acreditava que Marx percebera corretamente a tendência autodestrutiva do capitalismo, embora não tenha atinado com os mecanismos específicos que supostamente levariam a tal desfecho. Pensava

---

3. Quanto a esse ponto, a referência geral obrigatória é Simon Schama, *Cidadãos: Uma crônica da Revolução Francesa* (São Paulo: Companhia das Letras, 1989); especificamente sobre o Comitê de Segurança Pública, ver R. R. Palmer, *Twelve Who Ruled: The Year of Terror in the French Revolution* (Princeton: Princeton University Press, 1989).

que uma derrocada poderia de fato acontecer, mas dificilmente seria causada pelo mecanismo capitalista de produção.

O próprio Marx, enquanto sabiamente deixava de descrever, minuciosamente, a sociedade socialista, destacou as condições de seu aparecimento: por um lado, a presença de unidades gigantescas de controle industrial — as quais, naturalmente, facilitariam em muito a socialização — e, por outro lado, a presença de um proletariado oprimido, escravizado e explorado, mas também muito numeroso, disciplinado, unido e organizado. Isto sugere muito acerca da batalha final que [seria, segundo Schumpeter] o estágio agudo da guerra secular entre as duas classes que, então, serão colocadas, pela última vez, uma contra a outra. [...] Sugere a ideia de que o proletariado, como tal, tomará as rédeas do poder e, através de sua ditadura, porá fim à exploração do homem pelo homem, estabelecendo a sociedade sem classes. Isto teria sido suficiente se o nosso propósito fosse o de provar que o marxismo é membro da família das crenças na volta de Cristo, ao fim do milênio. Mas não basta. (Schumpeter, 1942, p. 73.)

Até aqui, o argumento de Schumpeter é o mesmo que expus a respeito da ideia de soberania popular em Rousseau: nenhum soberano fictício ficará sentado à margem, esperando o processo revolucionário seguir seu curso até desembocar nas águas cristalinas da sociedade sem classes. Mesmo se a evolução capitalista "fornecesse todas as condições, da forma mais marxista possível, ainda assim seria necessário uma ação direta para levar a derrubada da ordem existente ao desfecho. Além disso, a maior parte do auditório (de Marx) dificilmente desejaria ouvir uma mensagem à qual faltasse o sagrado toque de clarim" (Schumpeter, 1942, p. 74).

Infelizmente, como sabemos, as duas grandes revoluções, a russa e a chinesa, tiveram lugar sem que a história fornecesse as condições necessárias "da forma mais marxista possível". Deram-se, ambas, em periferias atrasadas do capitalismo, e dificilmente teriam acontecido sem aquele desejo ardente que tantos estudantes, intelectuais, clérigos e grupos análogos trazem no coração. Daí a enorme discrepância, em relação aos dois casos mencionados, entre o generoso ardor com que os referidos grupos entraram na liça revolucionária mundial e o pouco interesse que posteriormente dedicaram a inspecionar a obra que direta ou indiretamente ajudaram a construir — ou seja, os resultados reais da recriação e da purificação da sociedade. Muitos se debruçam regularmente sobre a questão nas alturas do pensamento abstrato *made in Paris*, mas abominam os relatos da história vivida que hoje existem em abundância e com excepcional qualidade.

Descartemos desde logo a hipótese rousseauniana da purificação como um processo educacional. Por mais exitosos que os programas educacionais dos países socialistas tenham sido, eles só foram levados à prática após a consolidação da "ditadura do proletariado", eufemismo para os regimes totalitários impostos pelo partido; na fase de implantação de tais regimes, e mesmo mais tarde, as bases reais da "reeducação" foram o monopólio e a censura generalizada aos órgãos educacionais e meios de comunicação, a ação onipresente do partido, a política secreta e o terror.

Toda revolução socialista segue um script singelamente escolástico. Dado que as classes sociais resultam da propriedade privada dos meios de produção — grandes fazendas, bancos, indústrias e empreendimentos comerciais —, ao estatizá-los a Revolução já deflagra a construção da "sociedade sem classes". Infelizmente, como sabemos, as condições objetivamente existentes na Rússia e na China não se assemelhavam sequer de maneira remota à feição "mais marxista possível". A nacionalização dos grandes meios de produção serviu para pôr fim — *so goes the tale* — aos restos do feudalismo e às classes sociais que começavam a se constituir no pré-capitalismo, mas não garantiu o crescimento, com o que os dois países permaneceram econômica e militarmente débeis. Impunha-se, pois, deixar de lado a reeducação rousseauniana, a elaboração psicológica do homem novo, e canalizar todos os esforços para a industrialização. A saída foi "coletivizar a agricultura", eufemismo mediante o qual os dirigentes comunistas designaram uma operação terrorista de larga escala, com o objetivo de obrigar a população rural a produzir, sob condições sub-humanas, o enorme excedente que seria pontualmente confiscado e transferido para as cidades: para o operariado urbano, que viria a ser a base da indústria.

Robert Conquest, autor de *The Harvest of Sorrow*, descreveu a situação que encontrou por volta de 1935 na Ucrânia e em outras áreas ao leste dela, compreendendo cerca de 40 milhões de pessoas: "Um quarto da população — homens, mulheres e crianças — estava morto ou morrendo; o restante, em estágios variáveis de debilitação, carecia de forças para enterrar suas famílias e vizinhos. A supervisão de tal quadro cabia a bem alimentados esquadrões da polícia e a funcionários partidários" (p. 3). Na China, na virada dos anos 1950 para os 1960, a história foi igual, só que pior, como relata Frank Dikötter em *Mao's Great Famine*.

BRASIL, ESSA ESTRANHA SEGUNDA CASA DE ROUSSEAU

De fato, no que se refere à cultura política das elites, o que mais instiga é ser a América Latina, por um lado, a região mal-afamada que conhecemos — autoritária, corrupta, violenta, desordeira e alérgica à lei — e, por outro, tão propensa a concepções políticas generosas, idealistas, por vezes até melodramáticas — uma espécie de segunda pátria de Rousseau. Filho do absolutismo português, da Contrarreforma ibérica e da monocultura canavieira e da escravidão, como veio o Brasil a se transformar numa segunda casa de Rousseau, o pai da revolução total?

Os traços da cultura política a que me referi, quase consensuais em nossa literatura histórica e sociológica, não são os únicos relevantes para a presente discussão; para bem entender o fio rousseauniano que ela também abriga, outros elementos precisam ser levados em conta. *Com exceção do liberalismo*, todas as ideologias do século XIX tinham um substrato romântico rousseauniano: o mito da revolução, do "homem novo", de uma sociedade anárquica, despojada de convenções; e, no século XX, os mitos marxista da sociedade sem classes e fascista do Führer redentor da nação etc.

Nos capítulos anteriores, fiz um exame crítico das ideologias, que são, entre os vários sistemas de conhecimento contemporâneos, o principal eco das aparências enganosas de que falava Bacon. Ressaltei o entendimento historicista, central no pensamento marxista, e um de seus corolários: a tendência a atribuir uma inviabilidade congênita à "democracia burguesa". Reforçar a silhueta de Rousseau nos ajudará a compreender um matiz de Romantismo e a escatologia que paradoxalmente se alojou em nossa história intelectual.

No capítulo 2, aventei a hipótese de o Brasil ter avançado bastante para uma liberal-democracia *par la force des choses*, ou seja, com um número muito pequeno de democratas. Também aqui, tal hipótese me parece útil como ponto de partida. Certos críticos de nossa elite colonial compraziam-se em satirizar o "verniz liberal" que a caracterizava, não se dando conta de que sua observação era correta e deveria ser explorada mais a fundo em vez de se deter na mera sátira. Com a possível exceção dos Estados Unidos, nenhum país começou a construir a democracia com base num sentimento democrático intenso e bem difundido. Nos primórdios, a cultura liberal se delineia como um consenso de baixa intensidade, ou seja, como uma consciência de que as alternativas em tese disponíveis são menos desejáveis, quando nada por envolverem riscos maiores. Os historiadores marxistas, sempre tão preocupados em evitar interpretações "idealistas", são talvez os que menos percebem esse aspecto da questão e as dificuldades que dele podem decorrer.

O ponto, recapitulando, é a alienação das elites em relação a uma democracia que mal despontava no horizonte. Incipiente mesmo como democracia "burguesa", engatinhando entre os escombros da tirania colonial portuguesa, o Primeiro Reinado era menos receptivo que as periferias atrasadas da Europa ao rousseaunismo e às correntes anarquistas e socialistas que dele se originaram. Em São Petersburgo, por exemplo, uma universidade fora estabelecida em meados do século XVIII, e nela logo surgiram movimentos de contestação tanto "de esquerda" (cosmopolitas e protossocialistas) como "de direita" (nacionalistas e pan-eslavistas). O ataque às *ideias ocidentais* — leia-se: ao contratualismo e à doutrina dos direitos naturais — começou a ganhar forma no mínimo um século antes da aparição efetiva desses temas no Brasil.[4]

Esse ponto ilustra a inexistência de indícios rousseaunianos na primeira parte do século XIX. Vai no mesmo sentido a inexistência de um verdadeiro conservadorismo — aqui meu padrão é Edmund Burke. Todo conservadorismo digno do nome valoriza as tradições, os símbolos e as convenções nacionais; celebra seu lento desenvolvimento ao longo de séculos e, por essa via, acaba por se aparentar ao Romantismo.

No Brasil, compreensivelmente, não surgiram pensadores e correntes intelectuais dispostos a idealizar nesses termos a colo-

---

4. Entre nós, as primeiras influências desse tipo, compreensivelmente débeis, proviram dos Estados Unidos, chegando ao país por meio da Inconfidência Mineira.

nização portuguesa. Nosso Romantismo literário alcançou certa dimensão por maus motivos, constituindo-se fundamentalmente como uma idealização da vida indígena — refiro-me em especial a José de Alencar. Idealização, entretanto, que até parece sóbria se comparada ao desvario dos iluministas franceses, e do próprio Rousseau, que tomaram o índio brasileiro como modelo para elaborar a fantasia da "bondade natural" do homem, cujas consequências na Revolução Francesa foram sabidamente funestas. Ou seja, nossos românticos não usaram o índio brasileiro como um veículo para propagar as fantasias de Rousseau. O que aconteceu foi bem o oposto: o próprio Rousseau e dezenas de outros escritores e comentaristas do século XVIII é que dele se valeram para tal. Nosso índio serviu como matéria-prima para a elaboração da grande tolice romântica europeia, mas não como produto destinado ao mercado interno de ideias. Veja-se a propósito o excelente estudo de Affonso Arinos de Mello Franco, *O índio brasileiro e a teoria da bondade natural*, publicado em 1937.

Ao Brasil o rastilho rousseauniano tampouco poderia ter chegado através do positivismo de Augusto Comte (influente no meio militar) e menos ainda através do pensamento católico predominante entre as duas guerras mundiais. Este, orientado por um impenitente reacionarismo, aliado fiel dos proprietários de terras e indiferente à íngreme estratificação social da época, por certo não daria abrigo ao elemento revolucionário presente na doutrina de Rousseau e na vertente fáustica do Romantismo (Iglésias, 1962). Contudo, é justo no catolicismo que iremos encontrar uma primeira possível conexão. Apesar de sua mística revolucionária, na substância socioeconômica o pensamento de Rousseau era reacionário, antimoderno e anticapitalista. Essa (des)combinação difundiu-se amplamente no Brasil, de um lado como uma doutrina autoritária, propugnando por uma ditadura burocrática, avessa à mobilização de massas — tendo como expoentes Alberto Torres, Oliveira Vianna e Azevedo Amaral —, e, do outro, a versão mobilizadora propagada pela Aliança Integralista Brasileira (AIB) de Plínio Salgado, caracterizada, como se sabe, por uma estreita afinidade com o fascismo italiano (Trindade, 1974). Tentar extrair elementos rousseaunianos da atuação de Luís Carlos Prestes e do marxismo do período entreguerras parece-me um esforço demasiado heroico. O Cavaleiro da Esperança e seus companheiros — oriundos do meio militar — tentaram sacudir o Brasil "carcomido" da Primeira República, mas sua inclinação autoritária e a superficialidade intelectual de sua aventura desaconselham um esforço interpretativo na linha que ora nos interessa. Fundado em 1922, mesmo ano da Semana de Arte Moderna, o Partido Comunista não tardaria a assumir uma postura de estrita obediência a Moscou, notadamente após a conversão do próprio Prestes ao comunismo (Rodrigues, L., 1981). É, pois, razoável conjecturar que a vertente romântico-revolucionária do pensamento político brasileiro não foi impulsionada em grau significativo pelo comunismo, tampouco pelas primeiras manifestações da arte moderna.

Claro está, portanto, que as ausências precedentemente apontadas não explicam a presença do veio romântico-rousseaunista que mais tarde se tornaria perceptível nos segmentos politizados de nossas camadas médias e entre as elites intelectuais. O fator inicial que a explica é, sem dúvida, a entrada em cena da mescla de nacionalismo, marxismo e populismo do período de 1945 a 1964. A atração exercida por essas correntes ganha corpo com a acentuação do clima político plebiscitário depois do suicídio de Getúlio Vargas, em agosto de 1954. Esse período assiste também à ampliação do ensino de ciências sociais — suficientemente bom para facilitar a assimilação de doutrinas reformistas e revolucionárias, suficientemente ruim para que tal assimilação se desse num nível muito baixo de articulação intelectual. Observe-

-se que o ensino jurídico também servia como porta de entrada para certo rousseaunismo, como ainda hoje acontece. Aos fatores indicados é preciso aduzir a esquerdização da juventude católica nos meios estudantis universitário e secundarista, mormente na prolongada crise que o país viveu entre a renúncia do presidente Jânio Quadros (agosto de 1961) e a deposição de João Goulart (março de 1964), que redundou na implantação do ciclo de governos militares que perduraria até março de 1985. O represamento dos anseios de participação durante esse período de 21 anos ampliou a receptividade do país a ideários de esquerda, conferindo-lhes uma penetração política e eleitoral que eles dificilmente teriam logrado sem o "adversário comum" representado pelo regime de exceção.[5]

Por último, mas não menos importante, é imprescindível avaliar o impacto doméstico da derrocada do comunismo internacional nas últimas três décadas do século xx. No Brasil — e talvez na maior parte da América Latina —, o colapso da União Soviética e o fim da Guerra Fria alteraram profundamente o quadro bipolar dos anos 1950, que de alguma forma se manteve entre o golpe de 1964 e a reforma partidária de 1979. Desgastadas pelos 21 anos do ciclo militar, as velhas "direitas", com suas variantes aristocráticas e carrancudas, perderam o benefício da inspiração católica que a Igreja outrora lhes dispensava. Despolitizaram-se e secularizaram-se, ou simplesmente se acostumaram ao *esprit de commerce* trazido pela modernização da economia; tornaram-se mais argentárias que propriamente ideológicas. A ser correta, essa hipótese ajuda a compreender a atual inexistência de uma direita bem caracterizada na política partidária nacional.

5. Uma eventual pesquisa sobre o tema poderá documentar quantitativamente a referida receptividade, expressa, por exemplo, na demanda por literatura marxista e na quantidade de estudos e teses de esquerda produzida nas universidades.

Ao contrário da direita, que o perdeu, a esquerda capitalizou em larga escala o apoio católico, se não no nível explícito das ideias, certamente no âmbito microssocial das famílias e no convívio boêmio de pequenas intelligentsias. O fim da URSS, ao liquidar praticamente a velha cepa comunista como alternativa de afiliação ideológica e partidária, pareceu à primeira vista haver criado um ambiente favorável ao anticomunismo, ou genericamente ao antiesquerdismo. Mas o efeito real foi diferente, diria mesmo o oposto. Com a debacle soviética, esvaiu-se a linha imaginária que mantinha à distância as organizações de esquerda; assim, em vez de encolher, o esquerdismo ganhou campo para se expandir, dilatou-se como um gás livre das paredes que antes detinham sua propagação e tornou-se "aceitável" em ambientes que antes o escorraçavam. Claro, seu vertiginoso crescimento deveu-se a méritos próprios de organização e proselitismo, mas também à vigência do regime democrático e ao crescente pluralismo da sociedade. Nesse novo quadro, a esquerda não teria como conservar o discurso homogêneo dos velhos tempos de fidelidade à "pátria mãe do socialismo".

A rígida disciplina e a pesada concepção da evolução histórica daqueles tempos diluíram-se e foram substituídas por uma crítica emocional e não raro fantasiosa ao status quo: contra "tudo o que aí está", "o povo contra a elite" etc. Longe de reduzir seu potencial de expansão, esse discurso simplista, compreensível até por osmose, só fez aumentá-lo. As mudanças a que me refiro tiveram clara correspondência na microssociabilidade e nas formas de atuação dessa nova esquerda, que não apenas se apropriou de certo rousseaunismo temporão como o levou aos quatro cantos do país e à juventude estudantil. Livre dos pesados casacos soviéticos, o lulopetismo passou a vestir ternos bem cortados, de inspiração *gramsciana*. Mas, como certa vez sentenciou o filósofo William Pierce, todo problema é causado por soluções. Resta saber se, num partido corroído até a medula pela corrupção, o anseio romântico de ruptura e o êxtase da recriação pela revolução total conservarão seu viço.

4. Conceito de democracia (ídolos do mercado)

Bacon tinha carradas de razão quando alertou para os riscos a que se expõe todo aquele que se deixa levar no embalo das conversas do mercado. Os descuidos de linguagem e raciocínio a que ele aí se entrega acabarão por afastá-lo do reto caminho que conduz à verdade. Sobre isso não há melhor ilustração que o desvirtuamento da reflexão política causado por certos equívocos comuns a respeito do conceito de democracia.

ADVERTÊNCIAS PRELIMINARES

Holismo e "pré-requisitismo"

Particularmente nefasto — como já lembrado no capítulo 2 — é um equívoco inerente a toda filosofia holista. Concebendo a sociedade como um todo orgânico, guiado em seus aspectos por um mesmo princípio, tais filosofias não comportam uma ideia de política como um subsistema, ou seja, como uma esfera institucionalmente diferenciada e relativamente autônoma. De duas, uma: ou o todo se deixa impregnar em todos os seus aspectos pelo princípio democrático, ou preserva e impõe a todos eles o princípio autoritário que o governa. A primeira hipótese, ainda hoje improvável, era francamente impensável um século e meio atrás, nos primórdios da democracia representativa. Segue-se que a segunda haveria de prevalecer, ad aeternum ou por um dilatado período de tempo, até que certos pré-requisitos se configurassem plenamente, como alguns teóricos antiliberais não se cansavam de proclamar. Só muito raramente o corolário de tal raciocínio foi martelado com a desejável clareza. Se conseguirmos estabelecer a democracia como o padrão fundamental de legitimidade política apenas depois de um dilatado período de tempo, segue-se que o padrão a prevalecer durante esse mesmo período haveria de ser uma ditadura — pouco importando se civil ou militar.

Fatos e valores

Outro desleixo comum nas acaloradas discussões da ágora é o fato de os interlocutores passarem ao largo da distinção entre o factual e o normativo. Partem de uma visão inicial da democracia como um regime político historicamente existente, mas logo deslizam para uma visão normativa, a ela se referindo como algo que só existe na esfera dos desejos. Assim, em vez de refletirem tão objetivamente quanto possível sobre questões políticas de nosso tempo, voltam as costas ao mundo real, como se o interesse fosse tratar de um reino "que não é deste mundo". Descuido até certo ponto compreensível, sabendo-se que, neste mundo, a vida política não é um chá das cinco: é uma esfera pautada muito mais por disputas de interesse e poder que por embates de ideias. A maioria dos cidadãos parece sonhar com o bônus de viver na sociedade civilizada, mas sem o ônus de sujar as mãos na desagradável malha de que a atividade política por toda parte se reveste.

Na versão popularmente mais difundida, democrático seria o país em que só coisas boas acontecessem. Onde a pobreza extrema não existisse, as desigualdades de renda fossem toleráveis e a riqueza nacional produzida a cada ano fosse suficiente para assegurar o bem-estar de todos. Tal sociedade seria quase isenta de conflitos, possibilitando um consenso básico a respeito da maioria das questões; a política não distaria muito de se transformar na mera administração dos sonhos de Saint-Simon. Nesse universo ideal, o propalado "divórcio entre o Estado e a Sociedade", ou entre representantes e representados, não ocuparia diariamente as manchetes dos jornais; ao contrário, entre esses dois polos prevaleceria quase sempre uma estreita comunhão de entendimentos e sentimentos. Uma pena tal democracia ter, quando muito, a duração de um sonho. De fato, existe atualmente no debate latino-americano uma tendência a imaginar o *"despliegue* democrático" como um marco zero rousseaunista: um contrato igualitário, instantâneo e simultâneo de todos com todos.

Ora, a democracia não pressupõe a igualdade social; ela nasce em sociedades desiguais, se fortalece e ganha raízes à medida que trabalha ou corrói essa estratificação preexistente (Marshall, 1967; Lamounier, 2005, cap. 9). Nunca existiu uma democracia que tenha se iniciado numa sociedade marcadamente igualitária. Todas tiveram início num combate renhido com a íngreme estratificação das sociedades preexistentes. Na mesma linha de Marshall, Myrdal (citado no capítulo 2) frisou que os valores democráticos da sociedade norte-americana eram uma arma poderosa na luta contra as desigualdades raciais. Ou seja, a democracia não se configura *depois* da solução dos conflitos, mas *à medida que* os grupos contendores aquiescem em tentar equacioná-los de maneira pacífica, submetendo-os a um jogo eleitoral periódico, com regras claras e previamente estipuladas (Janowitz & Marvick, 1955; Lipset, 1994). Portanto, condicionar o valor da democracia ao prévio cumprimento de requisitos exógenos (mesmo que seja um nível X de escolaridade) significa postergá-la para um futuro longínquo de pura fruição. A democracia real é bem o oposto disso: um arcabouço institucional concebido como um meio *para* tornar pacífico o equacionamento da multiplicidade de demandas e antagonismos inerentes à sociedade moderna.

Uma ideia de política

A ideia de política subjacente ao conceito de democracia requer cuidadosa atenção. No universo liberal-democrático, o termo *política* designa uma esfera diferenciada, um subsistema do sistema social total, sendo a democracia uma de suas modalidades de organização. Não chego ao extremo de afirmar que a política inexista em regimes totalitários — no comunismo e no fascismo —, mas nesses casos o conceito deve ser aplicado com extrema cautela. Neles, a política não se apresenta na configuração aberta e pública típica das democracias; e muito menos como uma atividade limitada quanto a fins e meios, dada a inexistência de garantias institucionais capazes de impedir irrupções de violência e terror, desde logo aquelas patrocinadas pelo próprio Estado. Superpondo-se arbitrariamente às interações mais ou menos espontâneas dos agentes políticos, tais irrupções geralmente alteram os objetivos e valores que eles tenham acordado entre si, e o próprio leque admissível de objetos acordáveis, sem esquecer que em muitos casos pode ocorrer o próprio afastamento ou a eliminação física de participantes. Carecendo, portanto, de autonomia e diferenciação, o conjunto de interações que denominamos política existe apenas como uma atividade descontínua ou intermitente, ao contrário dos regimes liberal-democráticos, nos quais ele adquire efetivamente a densidade e a estabilidade de um subsistema. Isso acontece, de um lado, pela estipulação constitucional das liberdades e garantias à integridade física dos participantes e, de outro, pelo próprio número de atores que se envolvem nas referidas interações com o objetivo de influenciar aberta e legitimamente a agenda decisória.

DUAS FACES DA DEMOCRACIA

No sentido delimitado anteriormente, o conceito de democracia compreende dois componentes ou "metades" principais.

Trata-se, por um lado, de um sistema político pluralista, no qual o acesso legítimo a posições de autoridade pública se dá mediante eleições periódicas, limpas e livres, sendo o direito de voto facultado à maior parte da população adulta; e, por outro, de um sistema no qual as autoridades governam e se mantêm *accountable* graças a restrições constitucionais — desde logo, à separação de poderes — e a um complexo mecanismo de pressões cruzadas, competitivas, continuamente acionado pelos partidos políticos, por organizações econômicas, profissionais, educacionais, religiosas e outras, e de modo geral pela opinião pública, expressando-se esta através de uma imprensa livre e crescentemente através das redes sociais. Ou seja, uma vez investidas nas posições para as quais se elegeram, as autoridades ficam sujeitas a um processo de constante escrutínio, a ações competitivas exercidas por uma variedade de grupos e associações e, no limite, à possibilidade de serem afastadas.

Dito de outra forma, há uma metade eleitoral — um *subsistema representativo* — cujo cerne é o enfrentamento eleitoral periódico, e outra constituída por pressões e contrapressões, uma arena na qual numerosos protagonistas individuais e coletivos competem por acesso aos órgãos de governo relevantes para seus interesses.[1]

Rousseau, Montesquieu e as duas almas da democracia

As duas metades descritas correspondem ao que classicamente se tem considerado como duas almas filosóficas da democracia. A primeira reflete a inspiração plebiscitária de Rousseau. Este, como sabemos, imaginou uma democracia direta, um contrato igualitário de todos com todos, a ser exercido por uma assembleia permanente ou convocada a curtos intervalos, à qual cada cidadão compareceria como uma unidade isolada, imune a intermediações político-partidárias ou de qualquer outra natureza. Dessa formulação radical, a democracia representativa reteve (com perdão pela redundância) a inspiração democrática, vale dizer, a obrigação de ouvir todos os indivíduos que compõem o povo — o eleitorado, melhor dizendo. Descartou a hostilidade a intermediações e "particularismos" típica de Rousseau e de quase todo pensamento holista, mas assimilou a expressão individual da vontade, hodiernamente protegida pelo segredo do voto, o requisito da legitimação do poder por grandes eleitorados nacionais e a *accountability*, ou seja, a ideia de uma obrigação moral dos representantes de continuamente prestar contas de suas ações aos representados. Essa obrigação, como é óbvio, é inerente ao processo eleitoral (e mais amplamente, ao "subsistema representativo"), mas está também presente na segunda metade, por mim designada como um sistema competitivo de pressões e contrapressões.

---

1. Admito que meu fraseado é um tanto barroco; em inglês, bastaria aludir a um "pressure system", como sugeriu Schattschneider (1960).

Inspirado em Montesquieu, esse segundo elemento corporifica-se na separação dos Poderes e na operação dos demais órgãos de fiscalização previstos na estrutura do Estado, mas completa-se com fatores sociológicos de suma importância — refiro-me aqui à contribuição da linhagem teórica iniciada por Tocqueville, que destaca o jogo de pressões competitivas que emerge da própria sociedade, materializando-se na atuação de associações voluntárias, de grupos de interesse, da imprensa e, em última análise, do setor econômico privado. A visão de Montesquieu enfatiza os *checks and balances*, freios e contrapesos — segundo a familiar denominação norte-americana — concebidos para moderar conflitos entre partidos, entre os três ramos do governo, os estados de que se compõem as federações, e assim por diante. Podemos, no entanto, inferir que tais freios se inscrevem num ideário mais amplo das relações entre Estado e Sociedade, isto é, numa concepção da política como uma atividade limitada, que não absorve os outros subsistemas (econômico, cultural etc.) da sociedade nem se deixa por eles absorver.

A QUESTÃO DA SOBERANIA POPULAR

Em termos filosóficos, o fundamento último da legitimidade democrática é a soberania popular. Entendamo-nos sobre tal conceito. Em termos históricos, a clássica objeção antiliberal à democracia é o caráter "fictício" da voz do povo, que persistiu mesmo após a teoria democrática — distanciando-se de suas raízes rousseaunistas — haver estipulado que a soberania só poderia ser idoneamente aferida mediante "eleições periódicas, limpas e livres". Em suas diversas variantes, o antiliberalismo centrou fogo nesse ponto, levantando objeções contra a capacidade dos eleitores ("o povo não sabe votar") e contra sua capacidade de governar ou sequer balizar com eficiência a ação dos governos.

Repetido *ad nauseam*, o refrão sempre foi de que o povo não tem condições de compreender as questões periodicamente inscritas nas plataformas eleitorais e menos ainda de agir coletivamente na defesa de suas preferências. Longe de melhorar tal quadro, o processo eleitoral e a atuação dos partidos o agravariam, recobrindo com um manto de legitimidade os interesses escusos de oligarquias e caciques políticos atuando *behind the scene*. Por esses dois caminhos, a argumentação antiliberal invariavelmente desembocou na questão educacional, ou seja, nas estupefacientes carências intelectuais da massa eleitoral, variáveis de um país para outro, mas sempre suficientes para invalidar o pressuposto da soberania popular. Assim, a democracia seria na melhor das hipóteses um anseio utópico que só se poderia realizar depois de décadas ou mesmo séculos de educação popular.

Incerteza sistêmica

O aparente realismo e a virulência retórica da crítica antiliberal criaram resistências enormes à difusão da democracia em várias partes da Europa e evidentemente no Terceiro Mundo. Fato é, no entanto, que a sabedoria individual — de todos ou da maioria dos cidadãos — não é um pressuposto do mecanismo eleitoral, que é o veículo pelo qual aferimos a soberania e a reafirmamos como o fundamento sine qua non da democracia representativa. O que importa é a contínua ocorrência da *incerteza* na produção do total dos votos; dito de outra forma, a condição crucial é nenhum dos contendores poder determinar cabalmente o desfecho de uma ou de sucessivas eleições. A incerteza existe em razão de fatores regionais, da alteração de prioridades de uma eleição para outra, da situação econômica prevalecente em dado momento e de seu impacto diferencial entre as famílias, do interesse suscitado pelas plataformas partidárias em confronto e dos atrativos das diferentes personalidades, entre outros fatores.

O passado brasileiro recente oferece exemplos instrutivos. O mesmo povo "ignorante" que descarregou seus votos na *esquerda* elegendo Lula em 2002 e 2006, além de Dilma Rousseff em 2010 e 2014, descarregou-os à *direita* nos anos 1990, elegendo Fernando Henrique Cardoso contra Lula em duas ocasiões (1994 e 1998) — ambas no primeiro turno. Fernando Henrique personificou a estabilidade econômica: o fim da inflação que havia décadas angustiava a sociedade. Lula, em parte pela figura popularesca que encarna e em parte muito maior pela criação de programas sociais de índole paternalista, personificou a não menos ansiada implantação de programas sociais de caráter redistributivo. Em ambos os casos, o fator predominante foi, portanto, um interesse econômico imediato, não a ideologia. A diferença é que a estabilização iniciada em 1994 foi concebida como precondição para um processo sustentável de crescimento, dentro de uma visão modernizadora, ao passo que as políticas sociais de Lula obedeceram a uma orientação de curto prazo e manifestamente populista: um coronelismo *aggiornato*, de larga escala, estatal no que se referia à origem dos recursos e partidário no que tocava à implementação.

Ao contrário do rolo compressor plebiscitário com o qual Rousseau imaginou contrapor-se ao "atomismo" da sociedade burguesa, obliterando, na prática, a autonomia do eleitor, o pensamento liberal-democrático preservou a soberania popular ao associá-la operacionalmente, pelo processo eleitoral, ao postulado individualista da incerteza.

A esse respeito, a literatura antiliberal abunda em objeções teoricamente desinformadas. Na década de 1930, Azevedo Amaral (1938, p. 174), um escriba do Estado Novo, sentenciou: "Supor que a democracia se baseie na igualdade real e prática das unidades componentes do corpo social é uma ideia ilusória [...], que não pode senão resultar em uma caricatura do autêntico sistema representativo".

Ao contrário, porém, do que sustentava Azevedo Amaral, a democracia *não* se baseia "na igualdade real e prática" dos eleitores. Como copiosamente o demonstra a ciência política contemporânea, é próprio do processo eleitoral combinar uma pressão generalizada (decorrente da incerteza) com um quantum em geral baixo de informação (inteligibilidade) a respeito das preferências populares. O quantum de informação é baixo por toda parte, por maiores que sejam o amadurecimento dos eleitores e o aperfeiçoamento dos referidos "filtros" institucionais. Essencial para que o voto — mesmo tosco como portador de informações — seja um poderoso instrumento de controle sobre os governantes é a incerteza agregada, isto é, a soma de milhões de decisões individuais, cada uma com sua peculiar imprevisibilidade. Essa mescla de votos informados e desinformados não reduz necessariamente a incerteza, condição sine qua non para que o corpo social possa exercer seu poder recorrente de controle sobre os governantes — aprovando, desaprovando ou corrigindo de modo preventivo os rumos da política oficial.

Curiosamente, uma das melhores contestações ao ponto de vista verbalizado por Azevedo Amaral proveio de Gramsci (1968, p. 89), um autor insuspeito de liberalismo:

> [...] um dos lugares-comuns mais banais que se repetem contra o sistema eleitoral de formação dos órgãos estatais é o de que "nele o número é a lei suprema" e que "as opiniões de um imbecil qualquer (e inclusive de um analfabeto, em determinados países) valem para efeito de determinar o curso político do Estado, tanto quanto as opiniões de quem dedica à nação suas melhores forças" etc. Mas a verdade é que, de modo nenhum, o número constitui a "lei suprema", nem o peso da opinião de cada eleitor é exatamente igual. Os números, mesmo nesse caso, são um simples valor instrumental, que dão uma medida, e nada mais. E depois, o que é que se

mede? Mede-se precisamente a eficácia e a capacidade de expansão e de persuasão das opiniões de alguns, das minorias ativas, das elites, das vanguardas etc. Isto é, sua racionalidade ou historicidade ou funcionalidade concreta.[2]

Claro, num país hipotético onde a maioria dos eleitores esteja submetida a algo parecido com o nosso proverbial "voto de cabresto", haverá uma oligarquia formada pelos donos dos cabrestos, não uma democracia. Nas primeiras décadas do século passado, o Brasil era quase isto: em todos os estados, à exceção do Rio Grande do Sul, havia um regime de partido único (partidos republicanos estaduais) capaz de forçar 70% ou mais dos eleitores a votar segundo suas determinações. Mas a oligarquia que controlava os eleitores de um estado não necessariamente controlava os de outro; existia, pois, uma margem de incerteza, modesta, mas suficiente para forçar as oligarquias estaduais a negociarem a sucessão no plano nacional.

A inquirição sobre a soberania popular exposta no parágrafo anterior não é suficiente para esclarecer o difícil problema dos desníveis de compreensão das questões públicas entre os cidadãos de alta e baixa escolaridade. Engana-se, entretanto, quem vê tal problema como uma malfazeja "singularidade" brasileira, pois na verdade se trata de um correlato comum da estratificação social (Converse, 1964). Presente mesmo nos países educacionalmente desenvolvidos, ele não impediu que as precárias democracias da primeira metade do século se constituíssem e consolidassem; mas é certo que persiste como uma das causas de um mal-estar relacionado à distância entre representantes e representados que corrói continuamente a legitimidade dos regimes democráticos.

---

2. Agradeço a Maria D'Alva Kinzo por me chamar a atenção para essa importante passagem.

HISTORICIDADE: O QUE SE CONSTRÓI QUANDO SE CONSTRÓI A DEMOCRACIA?

Eleições limpas e livres: simples, não? Pode parecer simples, mas não é. Essa singela expressão na verdade enfeixa o complexo e prolongado processo de construção do que denominei "subsistema representativo" — a primeira metade da democracia. Fato é que a democracia moderna se baseia numa sofisticada engrenagem institucional: um encadeamento que se inicia no momento em que o cidadão se apresenta no cartório eleitoral para tirar seu título, prossegue com seu comparecimento à seção onde vota, passa pela totalização dos votos dos partidos e candidatos — cuja imunidade à fraude não é assegurada totalmente nem pela urna eletrônica — e culmina na diplomação e na investidura dos eleitos em suas respectivas funções.

Não perceber a complexidade histórica de tal processo é uma falha gritante da literatura antiliberal e de certa sociologia que se desenvolveu à sua sombra. De fato, muitos estudiosos se aferram a uma visão a-histórica, como se a democracia pudesse nascer pronta, da noite para o dia, daí se seguindo que para avaliá-la basta uma contraposição simples do ideal ao historicamente existente. A consequência desse simplismo fundamental é a conhecida tendência a tomar como fatais os inevitáveis tropeços de democracias nascentes no embate com sistemas patrimonialistas e de estratificação social previamente existentes; e já nem falo de regimes democráticos que passam por desequilíbrios mais graves, podendo mesmo chegar a rupturas da ordem constitucional.[3]

Creio ser útil repisar que o termo *democracia* será aqui em-

---

3. *Democratic breakdowns*, conforme denominado por Juan Linz (1964, 1973 e 1975) e também Linz e Stepan (1978) em suas importantes formulações.

pregado para designar uma forma de organização política "realmente existente" — um regime —, não um conjunto abstrato de axiomas ou uma pauta de valores e desejos. Tampouco se confunde com um composto ou índice montado a partir de uma série qualquer de atributos estatísticos.[4] Para compreender melhor a diferença, basta lembrar que as democracias reais são formações político-institucionais *construídas* ao longo de um extenso processo histórico. Democracias reais não são frutos "naturais" ou "espontâneos" de um processo evolutivo; não se constituem da noite para o dia e são sempre vulneráveis a crises e desequilíbrios; tanto podem se reequilibrar como se desestabilizar e sofrer rupturas mais graves. Dado tratar-se de formações reais, tais rupturas podem ser identificadas com precisão, o indicador decisivo e mais facilmente perceptível sendo sempre a quebra do ordenamento constitucional. Dito de outro modo, democracias são formações políticas constitucionalmente regulamentadas e relativamente estáveis, caracterizadas por um processo de representação renovado de modo contínuo, segundo regras eletivas preestabelecidas, ainda que em certa medida variáveis de país para país. Refiro-me, pois, ao padrão institucional classicamente conhecido como *democracia representativa*, designado no jargão antiliberal como "democracia burguesa".

---

4. Em 2015, a *Economist Intelligence Unit* (uma publicação do grupo The Economist) calculou um índice de "democraticidade" para 167 países, tomando por base a média ponderada de sessenta questões submetidas a um painel de especialistas. Vinte países foram classificados como "plenamente democráticos" e 59 (entre os quais, o Brasil) como "democracias defeituosas"; nesses 79 considerados plena ou parcialmente democráticos vivem 48,4% da população mundial. Exercícios dessa natureza são sem dúvida metodologicamente legítimos e muito úteis, mas lidam com compostos estatísticos, não com o conceito de democracia como um regime real, que é o objeto de minha inquirição.

* * *

Na acepção indicada, a democracia é um arcabouço institucional *construído*, não um organismo que se tenha formado naturalmente ao longo de um processo evolutivo. Genericamente, não há dúvida de que se trata de construir instituições e regras de jogo aceitáveis pelos principais contendores — um espaço regulamentado de luta política — e flexíveis o suficiente para processar as demandas e incorporar os novos atores que se constituem continuamente na sociedade. A questão crítica é, pois, a dos mecanismos e etapas de tal construção. Huntington (1991, p. 21) informa que, entre as duas grandes guerras, somente 29 (45,3%) dos 64 Estados existentes podiam ser considerados democráticos; em 1942, somente 12 (19,7%) dos 61 países; em 1962, 36 (32,4%) de 111; em 1973, 30 (24,6%) de 122; em 1990, 58 (45%) dos 129 Estados. Huntington considerou democrático um país no qual os *decision makers* mais importantes eram escolhidos mediante eleições livres, limpas e periódicas, e o direito de voto abrangesse virtualmente toda a população adulta (p. 7). As cifras citadas indicam que o processo de democratização se deu em "ondas", com pelo menos duas fortes reversões (golpes de Estado autoritários), uma durante a Segunda Guerra e a segunda nos anos 1960-70, para a qual os golpes latino-americanos concorreram decisivamente. No final do século, o número de democracias aumentou consideravelmente, devido ao colapso do bloco soviético e ao descrédito dos regimes autoritários de um modo geral.

Uma opção constitucional consciente

Esquematicamente, podemos dizer que a construção de uma ordem democrática implica uma opção constitucional inicial, a construção política de uma poliarquia, a emergência (sociologicamente verificável) da soberania popular e a possibilidade da alternância, implicando a aceitação das urnas como única via legítima de acesso ao poder.

No que concerne ao marco zero da democracia, a questão crítica é a decisão política de instaurar um sistema representativo. As razões de tal decisão variam de um país para outro e ao longo do tempo, e são sempre uma mescla de valores e considerações de ordem prática ou prudencial. No Brasil, a opção pelo Estado representativo na Carta de 1824 costuma ser tratada de forma jocosa em obras de popularização histórica e na mídia. Tende-se a esquecer que a implantação de um sistema representativo foi uma decorrência lógica da transição do absolutismo português à monarquia constitucional. A instalação material do Legislativo e do Judiciário deu-se com notável rapidez; o Parlamento Nacional começou a funcionar em 1826, quatro anos contados da Independência e dois da outorga da Constituição por d. Pedro I (Carneiro da Cunha, 1982; Rodrigues, J., 1972). Haverem os regimes posteriores perseverado em tal opção — exceção feita à ditadura varguista de 1937-45 —, sustentando-a durante tanto tempo *against all odds,* é um dado histórico que não se pode descartar ligeiramente. Mas fato é que o sistema representativo e os mecanismos eleitorais que o integram pouco a pouco se firmaram, mantendo no Brasil uma continuidade de desenvolvimento e aprendizagem que não se verificou na maioria dos países atualmente avaliados como democráticos.

Um fato extraordinário da história brasileira foi, como já se notou, a opção pelo sistema representativo ser mantida pelas elites políticas desde a Independência, inclusive durante o regime de 1964, excetuado apenas o período ditatorial de Getúlio Vargas (1937-45). Em tais condições, não surpreende que, até pelo menos a Segunda Guerra Mundial, a percepção dominante entre os escritores, cronistas e ensaístas sociais tenha sido a de uma aguda discrepância entre os ideais constitucionais e as realidades sociais. Nos primórdios dos sistemas de representação, as estruturas sociais desfavoreciam a autonomia do eleitor, e nenhum país conseguia assegurar as garantias estipuladas em lei na totalidade do território. Certo grau de discrepância entre o padrão constitucional vigente no "centro" e nas "periferias" existiu por toda parte. Nos Estados Unidos, foi há pouco mais de meio século que o alistamento e o voto dos negros começaram a ser de fato garantidos no Sul, graças à enérgica intervenção da Suprema Corte, coibindo práticas locais de intimidação.

Construção política de uma poliarquia: gênese da competição política entre potentados

Nas etapas iniciais das democracias, inexiste em geral uma passagem direta da prévia situação de autocracia ou tirania para a democracia no sentido atual do termo. Entre aquelas e esta, é praticamente inevitável passar por uma etapa "pré-democrática" — isto é, por um sistema político restritivo, mas dotado de um embrionário sistema de representação. A literatura disponível evidencia abundantemente a distância entre a filosofia liberal-democrática tomada em abstrato e as práticas rotineiras das pré-democracias; mas, imbuídos da noção de que só divisões ideológicas têm relevância, muitos autores subestimam a importância do surgimento de polos de poder diversificados naqueles estágios iniciais. Essa afirmação vale não só para o Brasil e a América Latina, mas também para a Europa — e mesmo para os Estados Unidos, nesse caso devido às condições reinantes no Sul, amplamente impregnadas pelo racismo.

A ordem democrática não é uma anarquia (ausência de poder), mas sim uma poliarquia (múltiplos polos de poder). Presume-se, naturalmente, que tais polos sejam genuinamente autônomos; se não o forem, o pluralismo existirá no máximo como uma fachada, o regime real será autoritário ou totalitário. Quando genuína, a diversidade poliárquica expressa o subjacente pluralismo de interesses econômicos, sociais, religiosos e outros, além de prevenir uma concentração excessiva do poder estatal. É, pois, lícito afirmar que ela se constitui de baixo para cima, por meio de ações coletivas, e de cima para baixo, na medida em que diferentes "potentados" procuram influenciar o processo decisório e ocupar cargos na máquina do Estado.

Na pirâmide social brasileira do século XIX, assentada na escravidão e numa enorme pobreza, a emergência de uma poliarquia competitiva — e já nem falo de uma vida associativa robusta — beirava o inconcebível. O patrimonialismo foi um determinante de peso na sedimentação dos principais obstáculos. Mas, na comparação com outras formações sociais patrimonialistas, é importante ressalvar que, no Brasil, os poderes regionais não foram meras satrapias a serviço de uma hegemonia central incontrastável. Ainda que de forma intermitente, eles despontaram politicamente em diversas ocasiões, desde a Regência (1831-40). É, pois, equivocado imaginar que o patrimonialismo tenha subjugado totalmente os interesses e esterilizado pura e simplesmente o desenvolvimento do sistema político; a cafeicultura paulista, por exemplo, abriu brechas importantes em tal sistema. (Sobre o patrimonialismo, ver Faoro, 1958; Schwartzman, 2015; Uricoechea, 1978; Senna, 1995; e Lamounier, 2005, pp. 20-5.)

Esse, de qualquer forma, é o calcanhar de aquiles da evolução democrática brasileira; vista pelo ângulo da "poliarquização", nossa democracia ainda se caracteriza por uma extrema debilidade. Afora umas poucas grandes organizações mencionadas adiante, entre as quais a Igreja católica, contam-se nos dedos as verdadeiras "instituições", ou seja, as entidades ciosas de (e capazes de defender) sua autonomia. O empresariado raras vezes ousa se contrapor ao governo. O sindicalismo passou décadas denunciando a legislação sindical inspirada no fascismo italiano, mas a ela se aconchegou gostosamente no último quarto de século (Rodrigues e Rodrigues, 1990; Souza, 1981; Tavares de Almeida, 1983).[5]

Na segunda metade do século xx, as manifestações poliárquicas mais importantes dar-se-iam no contexto da resistência ao regime militar. Disso, dois exemplos são fundamentais: primeiro, o apressamento da redemocratização a partir da conquista dos governos de São Paulo, Rio de Janeiro e Minas Gerais pela oposição na eleição de 1982; segundo, a atuação da Igreja católica, da Sociedade Brasileira para o Progresso da Ciência (sbpc), da Associação Brasileira de Imprensa (abi) e da Ordem dos Advogados do Brasil (oab) contra as violações dos direitos humanos e pelo retorno ao Estado de Direito. Subestima esses casos quem quiser e a seu próprio risco; no meu modo de ver, não é muito que temos a comemorar. A "sociedade civil" é uma fantasia generosa: mais uma rima que uma solução. Trata-se de uma constelação com estrelas de consistência e tamanhos variáveis, inclusive certos "movimentos sociais" que dificilmente se manteriam em atividade sem o patrocínio de partidos de esquerda e os subsídios materiais que o governo lhes transfere. Uma estrutura político-social verdadeiramente poliárquica ainda não está à vista.

5. Como observa L. Rodrigues (1990, p. 41), na situação criada pela Constituição de 1988, "o Estado legitima e sustenta a organização sindical, mas não controla nem interfere em sua prática".

Emergência da soberania popular: o sufrágio em perspectiva comparada[6]

Em linhas gerais, podemos afirmar que a soberania popular — cujo significado material mais importante é a incerteza nas votações totais — depende da "individualização" do eleitor, quero dizer, da autonomia e da segurança de que ele desfrute para escolher seus candidatos e partidos. Por sua vez, tal condição resulta de um conjunto de fatores socioeconômicos e da eficácia com que os procedimentos institucionais relevantes são aplicados. Aqui se trata de toda uma engenharia jurídica e burocrática concebida para efetivar a "profilaxia" do voto, ou seja, para livrar o cidadão individual das numerosas formas de coerção e coação historicamente conhecidas, presentes sob variadas formas no folclore político. Nunca é demais frisar que a autonomia não se eterniza a partir de determinado ponto; ao contrário, precisa ser continuamente assegurada por todo um complexo de providências legislativas, judiciais e burocráticas, garantindo a segurança, ordem e lisura dos pleitos. Em termos socioeconômicos e demográficos, estamos falando do nível geral de desenvolvimento econômico, da urbanização e do crescimento numérico do eleitorado.

Esquematicamente, podemos dizer que o advento da incerteza requer o concurso de três fatores: a autonomia individual da maioria dos eleitores, um Estado capaz de arbitrar o jogo eleitoral de forma neutra e um eleitorado suficientemente numeroso para impossibilitar uma completa determinação dos resultados por qualquer dos contendores — e, naturalmente, para remover discriminações que o sentimento moral da sociedade passe a considerar injustificáveis.

---

6. O sumário estatístico apresentado nesta seção reaproveita trechos de Lamounier (2005 e 2015); ver também Nicolau (2002) e Nohlen (2005).

Atualmente, no Brasil, cabe à Justiça Eleitoral coibir as práticas atentatórias contra a independência do eleitor. Estabelecida em 1933, ela baliza e controla todo o ciclo de atividades de que se compõe o processo eleitoral: alistamento dos eleitores, votação, apuração dos votos, diplomação dos eleitos e investidura destes nos cargos executivos e cadeiras legislativas conquistados pelos diferentes partidos. Num país da extensão do Brasil, é fácil imaginar a complexidade de tal operação (Sadek, 1995 e 2000).

Remontando ao século XIX, constatamos que o *crescimento do eleitorado* foi extremamente lento por toda parte, por duas razões principais: o voto censitário (restrições devidas à renda, à propriedade e ao pagamento de impostos) e a exclusão das mulheres. O Brasil, não obstante seu diminuto eleitorado nas últimas décadas do século XIX, não se saía mal na comparação com a maioria dos países europeus. Na Itália, por exemplo, o eleitorado como proporção da população correspondia a 7% em 1885 (Carstairs, 1980; Salomone, 1960). Nos Estados Unidos, o número de votantes equivalia a 3,8% da população (excluídos os escravos) em 1824; a 11%, em 1828; e a 17%, em 1860. Mas outro salto substancial só ocorreria em 1920, graças à inclusão do voto feminino, chegando a 25% da população. Na Inglaterra, com a reforma de 1832, o eleitorado aumentou de 1,8% para 7%, atingindo 12% em 1884, ano da segunda reforma.[7]

---

7. É claro que as restrições — a principal das quais era a exclusão das mulheres — não se resumiam ao direito de voto; na sociedade inglesa dessa época, os conflitos políticos eram percebidos em termos pesadamente classistas e ideológicos. Engels opina que os candidatos socialistas ou progressistas eram o alvo preferencial de certas restrições casuísticas, notadamente encargos financeiros exagerados, com os quais os burgueses e aristocratas podiam evidentemente arcar sem dificuldade (ver Marx e Engels, 1953, pp. 261-1). Acrescente-se que o sistema eleitoral vigente era arcaico e heterogêneo, com distritos uni e plurinominais, como informa Carstairs (1980, pp. 190-7).

A Nova Zelândia teve a primazia na adoção do voto feminino, em 1893, seguida pela Austrália, em 1902, e pela Finlândia, em 1906. Depois foram os Estados Unidos, em 1920; a Suécia, em 1921; e a Grã-Bretanha, em 1928. No Brasil, a Constituinte de 1890-1 debateu a questão, mas o sufrágio feminino só viria a ser adotado em 1933. Na Itália e na França, a introdução ocorreu em 1946; na Bélgica, em 1948, ao cabo de um conflituoso processo; na Suíça, em 1971.

A posição comparativa do Brasil piorou muito entre o final do século XIX e o segundo pós-guerra devido à drástica redução do eleitorado provocada pela Lei Saraiva, de 1881, e ao caráter basicamente rural da população, que facilitou a coação generalizada durante toda a Primeira República, mantendo o alistamento num nível alarmantemente baixo. Assim, em 1930, na votação para presidente da República, compareceram às urnas apenas 2 milhões de cidadãos — 5% da população total. Findo o Estado Novo, em 1945, estávamos a uma distância chocante dos países mais desenvolvidos: o eleitorado inscrito correspondia então a 13,4% da população, quando em vários países da Europa essa cifra já ultrapassava a casa dos 50%.

Anteriormente, fiz referência ao problema dos vínculos de dependência outrora generalizados no âmbito do trabalho rural — que em partes do Leste Europeu não diferiam muito da antiga condição servil. Fato é que, no transcurso do século XX e quase por toda parte, tais vínculos foram erodidos pela urbanização, pelo adensamento da malha de transportes, pela fenomenal expansão dos meios de comunicação, pela sindicalização e, mais tarde, pela interiorização do sufrágio e das próprias estruturas partidárias.

No Brasil, por mais paradoxal que pareça, foi sob o regime militar que o alistamento eleitoral deslanchou de vez. Impulsionado pelo forte aumento das populações urbana e total, e também pelo aprimoramento técnico da Justiça Eleitoral, o eleitorado cresceu de forma vertiginosa. Partindo da modesta base de 22% em 1960, o crescimento acentua-se no pós-64, atinge 49% em 1982 e ultrapassa a notável marca de 70% da população total entre 2004 e 2008. Em termos absolutos, passamos de 15,5 milhões em 1960 para 58,6 milhões em 1982 — e para mais de 140 milhões em 2014 (fontes: IBGE, 1990, e TSE, 2014).

Em termos histórico-comparativos, sabemos que a "profilaxia" do voto permaneceu ineficaz mesmo nos Estados Unidos, apesar das mudanças constitucionais (Emendas n. 14 e 15) proibindo discriminações quanto ao sufrágio que se seguiram à Guerra Civil no Sul, como assinala Lane (1959, p. 14): "Os brancos empregavam a violência e a intimidação, muitas vezes por meio da Ku Klux Klan, outras vezes recorrendo à persuasão, à fraude, ou simplesmente à pressão social". Histórias semelhantes podem ser facilmente encontradas na maioria dos países da Europa.

Alternância no poder: the only game in town

Refiro-me aqui à alternância no poder como chance real, derivada do reconhecimento mútuo de sua legitimidade pelas partes contendoras. A possibilidade da alternância pacífica no poder é tão fundamental para a democracia quanto a incerteza do voto, expressão material da soberania popular. A questão-chave é a aceitação das urnas por todos os potenciais contendores como a *única via legítima* de acesso ao poder — *the only game in town*, na feliz expressão de Juan Linz. Historicamente, a alternância é uma conquista recente, pois só se configurou com clareza em meados do século XIX, nos Estados Unidos. Depende de vários fatores sociológicos e institucionais, mas sobretudo de um fator ideológico: a disposição a conduzir a luta política dentro dos limites previamente especificados do jogo democrático. Partidos orientados por doutrinas historicistas tendem a se opor a essa regra, pois se arrogam uma superioridade epistemológica (uma pretensão de conhecer antecipadamente o devir histórico) e axiológica (uma tendência a se atribuir uma superioridade ética como portadores da missão de levar as massas a um suposto paraíso terrestre).

A OUTRA FACE DA DEMOCRACIA

Quanto à primeira metade da democracia — o já denominado "subsistema representativo" —, creio haver no Brasil um consenso bastante razoável. Em si mesmo, o ato de votar não é objeto de maiores restrições, mas a engrenagem da representação política — especialmente o sistema eleitoral e a organização partidária — tem sido questionada, e não sem razão. Por exemplo: a exacerbada fragmentação do sistema partidário brasileiro indica a saudável presença de uma pluralidade de interesses e opiniões no Legislativo ou, ao contrário, uma farsa monumental (uma pseudorrepresentação) de tais interesses e opiniões? Mas que dizer da segunda metade? Não me parece caber dúvida quanto à necessidade de questioná-la em termos mais severos. Alguém em sã consciência dirá que as autoridades brasileiras governam sob uma permanente e eficaz fiscalização? No que concerne à aplicação da lei, por exemplo, e sem desconsiderar os avanços no combate à corrupção, salta aos olhos que o Brasil ainda tem duas justiças: uma para os poderosos e outra para os batedores de carteira — a diferença entre ambas é que a segunda funciona. Essa realidade é de tempos em tempos reconhecida até por ministros dos tribunais superiores. Sem esquecer a influência decisiva do presidente da República na nomeação do procurador-geral da República e dos ministros do Supremo Tribunal Federal.

Restrições, transparência e accountability

O que venho chamando de "segunda metade" diz respeito à exigência de que as autoridade governem "sob restrições incessantes e eficazes". Tal proposição traz imediatamente à baila a questão da *accountability*, ou seja, a possibilidade de chamar às falas autoridades que eventualmente atuem em desacordo com suas atribuições. Um pressuposto sine qua non da *accountability* é evidentemente a transparência, ou seja, o acesso mais amplo possível dos cidadãos às informações imprescindíveis para a formação de um juízo adequado sobre as diferentes esferas da administração. Ora, tais informações, como é público e notório, foram tradicionalmente sonegadas pelo setor público, a começar pelos bancos e pelas empresas estatais. O próprio BNDES, que movimenta somas astronômicas e detém poderes para conceder uma catadupa de recursos subsidiados a empresários privados, só agora começa a cumprir sua inequívoca obrigação de facultar o acesso da Justiça aos registros de suas operações.

Aríetes e oficinas

Tributária de Montesquieu no que concerne à estrutura constitucional e, em particular, à separação entre os três Poderes, a "segunda metade" requer atualmente um entendimento mais amplo, referente à enorme variedade de pressões e contrapressões que incidem sobre as estruturas governamentais. Nesse aspecto, seu pressuposto é a diversidade dos valores e interesses existentes na sociedade. Esse é o *pressure system* a que antes me referi, constituído por grupos de interesse, associações e organizações dos mais variados tipos, que hoje corriqueiramente acompanham a tramitação legislativa e o processamento pelo Executivo de uma ampla agenda decisória. Ora, não há como conceber tal cenário sem levar em conta a estrutura social subjacente. O foco nos grupos de interesse e demais organizações que integram o *pressure system* mostra-nos aríetes já prestes a impactar os grandes portões do castelo, mas não a planície de onde surgiram, e muito menos as oficinas onde eles foram produzidos. Esse segundo ângulo é que dirige nossa atenção para as raízes dos interesses e valores que medram em toda sociedade que haja atingido um limiar mesmo modesto de pluralismo. Essa perspectiva mais dilatada é própria da sociologia política, mais que da ciência política stricto sensu. Esse tipo de inquirição estende a procura de condições relevantes para a formação e a consolidação dos regimes democráticos a *fatores exógenos*, ou seja, *externos à estrutura especificamente institucional*, recorrendo notadamente à comparação de grupos de países em termos dos respectivos níveis de desenvolvimento econômico, desigualdade de rendas, mobilidade social e cultura política, entre outros.

DESCONCENTRAÇÃO SOCIOECONÔMICA E INSTITUCIONALIZAÇÃO DO SUBSISTEMA REPRESENTATIVO

Em trabalhos anteriores, argumentei que os fatores exógenos relevantes poderiam ser visualizados num gráfico cartesiano como um dos vetores que contribuem (ou não) para o desenvolvimento da democracia. Designei-o como um *processo de desconcentração ou descompactação do poder e das estruturas socioeconômicas*, com o outro vetor sendo a institucionalização do *subsistema representativo*. Em linhas gerais, é possível afirmar que a desconcentração socioeconômica mantém uma estreita correlação com o crescimento econômico e a redução das desigualdades de renda, mas certa cautela se faz necessária na interpretação de cada caso. Na China atual, por exemplo, o crescimento econômico e o rápido enriquecimento da parcela mais cosmopolita da população deverão provocar um aumento acentuado na *desigualdade* de rendas. Paradoxalmente, o efeito de tal processo poderá ser um crescimento proporcionalmente significativo de uma classe média mais autônoma e reivindicante, melhorando os prospectos democráticos do país a longo prazo. A recíproca é verdadeira; em certos casos, programas sociais considerados justos e progressistas podem instaurar um "voto de cabresto" milhares de vezes maior que aquele folcloricamente atribuído aos antigos coronéis. Na experiência brasileira recente, tal foi o efeito — deliberado ou não — do Bolsa Família, um programa de transferência de renda sustentado por recursos públicos, mas implementado dentro de uma perspectiva claramente facciosa pelos governos Lula e Dilma. Pode-se afirmar sem temor a erro que, fazendo o referido benefício a mais de 10 milhões de famílias, o petismo "desindividualizou" em grande parte o processo eleitoral, restabelecendo nele uma *viscosidade* que já havia desaparecido quase por completo.

A esse conjunto de questões analíticas corresponde uma candente questão ideológica, geralmente expressa através de uma contraposição entre a democracia "meramente institucional" e a "social" ou "substantiva". Tal contraposição parece-me ser portadora de uma grave implicação: um entendimento da democracia como um regime descartável, ou sub judice.

DEMOCRACIA "SUBSTANTIVA" OU "MERAMENTE INSTITUCIONAL"?

Esse é um ponto-chave. O generoso intento de realizar o quanto antes os anseios de igualdade e bem-estar existentes na sociedade associa-se frequentemente ao argumento de que para tanto basta vincular as energias do Estado a um compromisso urgente, instaurando um regime "popular" ou, pelo menos, postergando pelo tempo que for necessário o robustecimento da democracia representativa (entendida como "meramente institucional"). Orientado por um nebuloso conceito de democracia "substantiva" ou "social", esse argumento tem uma longa história; foi sempre esgrimido em uníssono por antiliberais de direita e esquerda, além de reforçado por instituições e cidadãos em tese democráticos, mas pouco inclinados a fazer o indispensável dever de casa conceitual. De fato, como assinalei no início deste capítulo, em praticamente toda a América Latina, mesmo entre segmentos cultos da elite, existe uma tendência bastante difundida a crer que a instauração de um regime democrático digno de tal designação depende do *prévio* cumprimento de tais ou quais requisitos.[8] Afirma-se que a "verdadeira" democracia há de ser "substantiva", não "meramente institucional" — proposição cujo corolário só pode ser que a democracia de fato existente permanecerá sujeita a certas condicionalidades até que a sociedade preencha os requisitos tidos como imprescindíveis: um nível relativamente elevado de bem-estar econômico e escolaridade; um Estado administrativamente impessoal e competente, neutro o suficiente para bem arbitrar as contendas eleitorais; uma "sociedade civil" robusta e participativa; um corpo eleitoral dotado de autonomia e discernimento para bem efetuar suas escolhas etc.

Um regime sub judice?

Na ótica acima alinhavada, a democracia não é uma ordem política "inegociável" ou "um fim em si mesmo" — lembrando aqui algumas expressões otimistas que começamos a empregar

---

8. Sou grato a Luís Eduardo González e Diego Achard pelos subsídios que me proporcionaram a respeito de vários países da América Latina (comunicação oral).

no começo dos anos 1980, na reta final do processo de redemocratização. Ao contrário, é um arranjo na melhor das hipóteses instrumental, condicionado a um determinado desempenho, ou seja, sub judice. Se não se mostra capaz de realizar objetivos sociais desejáveis num prazo estipulado, ou se um grupo qualquer atinar com um arranjo alternativo que aparente ter melhores chances, não há por que conservá-lo; pois não ficou desde o início assentado que a democracia é uma mera "fachada" institucional? Por que reter um regime, como dizia Mussolini, ineficiente, letárgico e indeciso, incapaz de impulsionar o crescimento econômico, promover o bem-estar do povo e a defesa do Estado e da Nação?

Não recorri ao fraseado acima a fim de proclamar alguma suposta novidade. Quis apenas repisar um jargão antiliberal velho de um século ou mais, *stock in trade* da esquerda, da direita e de um certo número de desavisados. Minha intenção não foi rememorar os conteúdos que se associam a uma democracia descartável, mas sim frisar a homogeneidade e a onipresença desse *template* na América Latina. Realmente, ele aparece por toda parte e tende a ser verbalizado segundo um mesmo padrão por integrantes das elites política, cultural e clerical, presumivelmente cuidadosos no manejo da linguagem política.

Ora, dizer que a democracia é um regime sub judice equivale a admitir que ela não é tão importante, já de antemão admitindo que pode ser descartada sob determinadas circunstâncias. Quais circunstâncias? E a quem cabe determinar se elas estão ou não configuradas em dado momento? Convenhamos que se trata de uma indagação preocupante, tendo-se em vista a experiência latino-americana com regimes militares e a inexistência de alternativas aceitáveis à democracia representativa e à economia de mercado, evidenciada em definitivo pela debacle do "socialismo real".

POSTSCRIPTUM: PROBLEMAS ATUAIS DA DEMOCRACIA

Ao contrário do que sugeria a cantilena antiliberal da primeira metade do século XX, a democracia representativa não estava nos estertores (ver Machado, 2015). Na verdade, ela seguia se consolidando e expandindo, como evidenciam algumas das tendências que a caracterizaram a partir da Segunda Guerra Mundial:

- *uma imensa expansão dos eleitorados nacionais*, atingindo cerca de 70% da população total na maioria dos países democráticos; tal expansão impulsionou o advento da incerteza sistêmica, relegando a um plano secundário a velha crença de que um segmento social específico (no Brasil, o coronelismo, como era designado o senhorio rural) seria capaz de determinar cabalmente a manifestação das urnas;
- *uma acentuada difusão geográfica* — hoje há democracias respeitáveis em todos os continentes;
- *uma importante dilatação no universo de protagonistas (stakeholders)*, implicando uma substancial diversificação e "deselitização" do jogo de pressões e contrapressões;
- *uma crescente pressão* para a transparência e a *accountability*, forçando os titulares eletivos ou designados de funções públicas a se manterem atentos às preferências dos eleitores e aumentando a chance de serem efetivamente responsabilizados por atos de improbidade ou ilegalidade no manejo dos recursos públicos.

Algumas das questões discutidas neste capítulo — em particular a contraposição de uma suposta democracia "substantiva" à democracia institucional — sugerem que um problema de fundo continua a se manifestar com poucas variações em toda a América Latina: uma inadequada fundamentação intelectual e ética da democracia representativa. Divididos e privados do modelo internacional antes representado pela União Soviética, os partidos que se autoidentificam como "populares" ou "de esquerda" e os numerosos grupos que eles satelitizam parecem incapazes de superar suas históricas ambiguidades acerca da democracia representativa. Impressiona, especialmente, a relutância de tais partidos e grupos em reconhecer a inocuidade de seu tradicional "pré-requisitismo" e, por via de consequência, admitir que a democracia não se constitui no vácuo e sim num contínuo atrito com um preexistente sistema de estratificação social que necessariamente antepõe dificuldades à plena garantia da igualdade cidadã e das liberdades democráticas.

ALÉM DAS INSTITUIÇÕES: A VOCAÇÃO POLÍTICA

Outra questão de suma importância que está a exigir reflexão é a da vocação política (ou do "recrutamento", como se diz no jargão da ciência política). Decorrido mais de um quarto de século e após diversos rounds de discussão sobre reformas políticas, dois pontos cruciais precisam ser reconhecidos. Primeiro, conseguimos um consenso quanto à necessidade da reforma política, mas não quanto a quais devam ser seus principais elementos. No estado atual da discussão, ninguém deve se surpreender com a resistência do Congresso em avançar mais rapidamente nesse terreno. Segundo, por razões que não nos empenhamos realmente em compreender, a qualidade da classe política sofreu uma queda vertiginosa após o retorno ao regime civil. Crer que esse problema se resolverá automaticamente quando efetivarmos a reforma das instituições é uma boa hipótese, mas não uma certeza. A questão do recrutamento (ou vocação política) — por sua complexidade e pela quantidade de elementos subjetivos de que se reveste — deve ser objeto de uma análise autônoma, mais ampla que o debate sobre as instituições. Nos primórdios das democracias, a representação era quase totalmente monopolizada por "notáveis" (advogados, notabilidades interioranas, proprietários rurais etc.), que muitas vezes se aprimoravam espontaneamente no ofício de representar: um aprendizado *on the job*, por assim dizer. As sociedades e seus governos eram relativamente simples e muito menos conflituosas; o número de demandas era muito menor, as pressões e contrapressões, bem menos contundentes. Recrutar indivíduos com uma combinação aceitável de vocação e competência não era um bicho de sete cabeças. Com o tempo, a julgar pela qualidade atual dos parlamentos, esses dois elementos — vocação e competência — parecem ter se dissociado. Mas aqui, ao que tudo indica, temos uma esfinge para decifrar. No mundo atual, e em qualquer país da América Latina, a oferta potencial de candidatos com a desejada combinação de atributos certamente cresceu exponencialmente. Num passado longínquo, o processo representativo parecia mesmo incapaz de recrutar candidatos não atrelados a oligarquias medíocres, corruptas e quase totalmente desprovidas de sentimentos cívicos, voltados para o bem da cidade e do país: *collectivity-oriented*, como se costuma dizer no mundo anglo-saxônico. Se é verdade, como supunha Marx, que a história só se propõe problemas que já está apta a resolver, não há dúvida de que a captura da representação por picaretas e populistas já pode ser substancialmente reduzida.

Nos anos 1980, o fim do ciclo de governos militares deu ensejo a um compreensível otimismo no que tocava à qualidade da renascente democracia. Supunha-se que o novo regime democrático desenvolveria raízes sociais mais fortes que as do período de 1945-64, reduzindo-se dessa forma a distância entre representantes e representados. Essa expectativa em boa parte se cumpriu, é preciso que se diga. Mas o que podemos dizer numa avaliação sóbria é que as instituições e práticas políticas não melhoraram a ponto de merecerem o aplauso altissonante que por vezes se observa em certos setores. Houve avanços, mas não há tanto motivo para celebração. A regularidade com que os pleitos eleitorais têm sido realizados é um atestado eloquente dos avanços atingidos. Mas, por si só, o bom funcionamento das engrenagens institucionais durante certo período não evidencia um grau elevado de apreço dos cidadãos pelo sistema liberal-democrático.

As condições atuais, tanto internacionais como domésticas, são sem dúvida mais favoráveis à democracia que as do período entre 1945 e 1964; as chances de ruptura tornaram-se muito baixas. Ainda assim, é conveniente ressaltar que toda ordem construída pode ser destruída: crises e *breakdowns* são sempre possíveis. O funcionamento da ordem democrática requer um alto grau de responsabilidade e autorrestrição por parte dos principais protagonistas (individuais e coletivos). Por mais bem concebidas que sejam, as estipulações jurídicas não se autoaplicam; o vigor do contrato social consignado na Constituição precisa ser continuamente reforçado pelos "elementos não contratuais do contrato" — lembrando aqui a boa expressão de Émile Durkheim.

CONCLUSÃO

O Brasil, apesar dos "grilhões" do passado colonial, das marcas do patrimonialismo e do escravismo e de sua íngreme estratificação social, tem avançado na construção de instituições liberal-democráticas como seu padrão fundamental de legitimidade. Subjacente a esse resultado encontra-se um robusto portfólio histórico de disputas adequadamente equacionadas, uma arena político-eleitoral continuamente dilatada pela entrada de novos grupos, portanto porosa e competitiva, um sufrágio abrangente e uma maquinaria administrativo-eleitoral razoavelmente bem estabelecida e crível. O que temos não é uma democracia "jovem", como se costuma singelamente afirmar: é um regime construído paulatinamente, desde o começo do século XIX, através de um longo processo evolutivo. Por mais que a vitupere, uma grande parcela, talvez a maioria, dos cidadãos intui que só a democracia pode assegurar de forma contínua a liberdade de cada um, a espontaneidade característica de nossa cultura e o acesso de qualquer indivíduo ou grupo legalmente habilitado para tal aos diferentes canais de participação política. Chegamos então ao melhor dos mundos? É óbvio que não. A construção democrática é um processo histórico e como tal deve ser compreendido.

Bibliografia comentada

PRÓLOGO E INTRODUÇÃO

Decorrido um quarto de século do colapso do sistema soviético, a percepção das diferenças entre o fascismo e o comunismo esmaeceu consideravelmente, mas Talmon (1970, pp. 5-6) e Gellner (1994, p. 146) insistem em contrastá-los em termos de suas respectivas concepções da natureza humana. É nesse nível, escreve Talmon, que se encontra a diferença fundamental entre os totalitarismos do século XX: "O ponto de partida do totalitarismo de esquerda sempre foi e em última análise é o homem, sua razão e salvação; o das correntes de direita é o ente coletivo, o Estado, a nação, ou a raça. O primeiro é essencialmente individualista, atomista e racionalista, mesmo quando eleva a classe ou o partido à categoria dos fins absolutos. Os totalitarismos de direita operam somente com entidades históricas, raciais e orgânicas, conceitos totalmente alheios ao individualismo e ao racionalismo". Quanto a esse ponto, devo confessar minha discordância em relação a Talmon. Sua interpretação do marxismo como uma filosofia "essencialmente individualista, atomista e racionalista" parece-me descabida; e, ainda que fosse cabível na esfera abstrata a que o autor se refere, ela em nada alteraria meu argumento de que fascismo e comunismo foram igualmente hostis às bases filosóficas e às instituições da liberal-democracia, como espero ter demonstrado em meu livro *Tribunos, profetas e sacerdotes* e novamente neste estudo. Embora certos setores da vida acadêmica e da cultura insistam em apresentar o comunismo e o fascismo como concepções do mundo antagônicas, já não há como afirmar que um é mais democrático que o outro, ou mais compatível com a democracia do que o outro. Afirmo, portanto, que a divisão política fundamental do século xx foi a que se estabeleceu entre o liberalismo, de um lado, e os antiliberalismos (fascismo e comunismo), de outro.

A temática delineada no parágrafo anterior foi estudada por um grande número de filósofos, historiadores e cientistas sociais. Além dos já citados Talmon e Gellner, penso que Cassirer (1946), Aron (1955), Gregor (1969), Popper (1974 e 1984), Holmes (1996), Yack (1992) e Lilla (2001) são essenciais. Na literatura teórica fascista, é muito pouco o que se pode aproveitar; a meu juízo, o autor mais importante é Schmitt (1972 e 1988).

O antiliberalismo brasileiro é um holismo que se configura por dois caminhos. Pela via rousseauniana, como foi exposto no capítulo 3, ele louva a manifestação plebiscitária e a participação direta do cidadão no processo político, mas concebe tal participação como uma emanação da vontade geral, ou seja, como expressão indivisível de uma comunidade homogênea. Abomina, pois, não só o suposto atomismo da sociedade moderna — da sociedade burguesa, se preferem; considera ilegítimos todos os corpos intermediários, sejam eles especificamente políticos, como os partidos, ou associações religiosas, profissionais, econômicas etc. Acerta ao postular a autonomia do indivíduo como condição da soberania popular, uma vez que esta requer o que denominei "incerteza sistêmica", mas ao mesmo tempo a anula, ao impedir que o indivíduo participe como bem lhe convenha. O rousseaunismo, como já se notou, é a fonte comum dos vários anarquismos e do marxismo. Por outro lado, o holismo brasileiro provém do que Talmon descreve como totalitarismo de direita: correntes de pensamento que só reconhecem entidades coletivas como o Estado, a nação ou a raça como ontológica e eticamente legítimas. Configura-se, assim, como um endeusamento do Estado, abominando em consequência todo contrapeso, seja institucional (a separação de poderes, o primado da lei), seja social (o pluralismo que emerge com a desconcentração socioeconômica, o que também explica o persistente antirruralismo de uma parcela de nossas elites intelectuais, adeptas de uma União altamente centralizada e mesmo ditatorial). Ressalve-se, porém, que a preferência de alguns dos mais importantes representantes dessa corrente (Alberto Torres, Oliveira Vianna, Azevedo Amaral etc.) era uma ditadura burocrática, dispensando por completo a mobilização popular. "Adequado" ao Brasil seria assim o tipo de regime que Juan J. Linz classificou como autoritário, e não um totalitário. Veja-se a respeito Lamounier (1974 e 2014, cap. 8) e Linz (1964 e 1973).

1. HOMO POLITICUS

Lugar da psicologia no pensamento marxista

Por dever de ofício, fiz na primeira seção do capítulo 1 uma breve menção ao estudo *O papel do indivíduo na história*, de George Plekhanov, um dos fundadores do Partido Comunista russo. Previsível do começo ao fim, tal opúsculo merece ser citado pelo pioneirismo do autor, se tanto. Suas teses são óbvias. O indivíduo não *faz* a história. O que importa é a teoria "científica" da sociedade; munidos dela, todos os líderes comunistas estão ou logo estarão à altura das tarefas do partido. Em uma dada conjuntura, haverá alguns mais preparados que os demais, mas essa é uma questão sem importância. Na história real do comunismo, sabemos que os dirigentes eram sempre retratados como heróis, homens de superior tirocínio e vontade inquebrantável; um ou outro foi descrito como fraco ou paranoico — geralmente depois de morto.

Para a elaboração da primeira seção, baseei-me principalmente na biografia de Trótski por Isaac Deutscher; nas de Stálin por Tucker (1973) e Montefiore (2003); e no livro pioneiro de Victor Wolfenstein sobre Lênin, Trótski e Gandhi. Adepto da linha psicanalítica de Erik Erickson, Wolfenstein produziu uma obra instigante, mas sua tentativa de identificar os traços comuns de uma possível "personalidade revolucionária" não me parece ter logrado resultados convincentes. Fiz também referência ao filósofo D. F. B. Tucker (1983), contrário à interpretação do marxismo como uma doutrina holista, e a Rice (1993) e Miller (1998), autores de valiosos estudos sobre a história da psicanálise na União Soviética.

Consciência de classe e teoria da ação coletiva

Como já citado na Introdução, Graham Wallas escreveu em 1908 *Human Nature in Politics*, um livro hoje totalmente esquecido. Vejo esse estudo como um precursor da importante linha de pesquisas iniciada nos anos 1930 pela Universidade Columbia, sob a batuta de Paul Lazarsfeld, e prosseguida nos anos 1950 pela Universidade de Michigan, sob a direção de Philip Converse e Warren Miller. Extremamente inovadora, essa linha influenciou o estudo da participação política e do comportamento eleitoral em praticamente todo o mundo. O cerne de sua contribuição foi o desenvolvimento do *survey sampling*, isto é, a análise de atitudes e opiniões através da aplicação de questionários estruturados e métodos estatísticos a amostras gerais do eleitorado. Atualmente também conhecida como o estudo da *ação coletiva*, essa área seria novamente revolucionada pelo economista Mancur Olson Jr., autor do clássico *The Logic of Collective Action*, publicado em 1968. Utilizei o suprarreferido conjunto de obras a fim de ilustrar como o holismo inerente ao ponto de vista marxista levou filósofos renomados como Lukács e Sartre a perderem tempo com problemas impropriamente formulados.

2. IDEOLOGIA E REALIDADE

O surgimento da teoria da ideologia foi uma das inflexões mais importantes do século xix no universo da cultura, das lutas sociais e do debate político. Constituiu-se como um sucedâneo da contraposição aparência × realidade a que Platão se referiu na alegoria da caverna. Na variante marxista, especialmente, a noção de ideologia surgiu como uma arma poderosa, mediante a qual a esquerda denunciava o reino de ilusão e engano supostamente prevalecente na sociedade burguesa e na consciência dos indivíduos e classes sociais que apoiavam o sistema capitalista.

De fato, o aparecimento do conceito de ideologia instaurou uma concepção radicalmente distinta de tudo o que até então se conhecia a respeito da formação e das funções das ideias na sociedade. O termo na verdade remonta aos escritos de uma escola filosófica francesa sem maior importância do final do século xviii. Seu líder, Destutt de Tracy, apresentava-se como fundador de uma ciência capaz de explicar a gênese de ideias e conceitos abstratos a partir de sua origem em experiências sensoriais.[1] Consta que Napoleão teria inicialmente simpatizado com essa "ciência das ideias", imaginando tirar proveito da crítica social e do anticlericalismo que ela insinuava; mas, feito imperador, percebeu a conveniência de uma atitude mais cautelosa em relação à Igreja. Decidiu então proscrever a escola e foi além, tornando-se o primeiro a se referir pejorativamente aos "ideólogos" como indivíduos perniciosos, que passavam seu tempo questionando ideias e noções valiosas para a sociedade.

É a partir de Marx que o termo *ideologia* se transfigura, passando a significar que as ideias não pairam soltas no ar; que brotam da vida social real e se mantêm conectadas a ela, funcionando como armas nos conflitos que ela incessantemente engendra. Devem, pois, ser analisadas não somente por seu valor de face — seus conteúdos manifestos —, mas também pelas possíveis funções que cumprem em tais conflitos. E mais: a ideologia ilude os adversários, mas pode ser ilusória para seus próprios portadores, aprisionando-os na perspectiva dos interesses sociais que articula e expressa.

Mas aqui surge a questão mais difícil: como poderia alguém se livrar da dominação da ideologia — diáfana, mas insidiosa e sufocante? Um século mais tarde (em 1929, exatamente), no livro *Ideologia e utopia*, Karl Mannheim tentará uma resposta ousada, começando já a se afastar do referencial filosófico do marxismo. Dirá que as sociedades modernas possibilitam o surgimento, nos

---

1. O pensamento de Destutt de Tracy tinha certa inclinação "materialista" — tributária dos empiristas ingleses e de alguns dos *philosophes* franceses —, mas não deve ser confundido com o materialismo histórico de Marx e Engels, que meio século mais tarde iria transformar completamente o significado do conceito.

espaços intersticiais dos interesses de classe, de um estrato social flutuante, com autonomia suficiente para elaborar teorias e projetos aceitáveis pelo conjunto da sociedade. Resposta não muito convincente, convenhamos, e sobretudo tardia. Desde meados do século XIX, a versão marxista se propagara e ganhara foros de verdade. Sendo a ideologia uma deformação inevitável, determinada pela inserção dos indivíduos na divisão social do trabalho, a única força capaz de superá-la seria a verdade — ou seja, a apreensão da realidade através da única teoria "correta" do devir histórico, que seria o próprio marxismo. Mais algumas décadas e a receita tornar-se-ia mais específica. A cura dependeria não só da aceitação da "verdade" marxista, mas de uma efetiva subordinação e obediência à organização que a encarnava: o Partido Comunista.

Esse pano de fundo ajuda a compreender como, durante três quartos de século, as ciências humanas permaneceram manietadas pelo simplório axioma marxista de que todo sistema de ideias é parcial e ilusório, dado ser em essência determinado pela base econômica e pelos interesses das classes sociais em pugna de cada época.

Um relativo arejamento teria início em 1929, com o aparecimento do seminal *Ideologia e utopia*, de Karl Mannheim, e mais ainda com a pujante expansão da ciência social empírica na Inglaterra e nos Estados Unidos, no segundo pós-guerra. Desse ponto em diante, a teoria marxista da ideologia passou a enfrentar um questionamento crítico severo, direcionado, por um lado, a seus pressupostos deterministas e, por outro, à elaboração de alternativas condizentes com a complexidade das linguagens, símbolos e imagens da política. Curiosamente, coube a Raymond Williams (1958, capítulo 5 da terceira parte), um crítico literário simpático ao marxismo, formular uma crítica letal à teoria do determinismo das ideias pela infraestrutura. Também pioneiro nesse sentido foi o antropólogo Clifford Geertz (1964), com seu persuasivo argumento de que a ideologia é apenas um entre os vários "sistemas" de que se compõe o universo a que chamamos *cultura*, ao qual ele acrescenta que as ideologias podem diferir entre si, algumas dificultando e outras facilitando a apreensão das realidades políticas. Não menos importante foi a contribuição de Converse (1964), um divisor de águas no estudo empírico do grau em que as ideologias se mantêm reconhecíveis entre os diferentes níveis da pirâmide social.

Como assinalei na Introdução, uma dificuldade que precisei enfrentar na estruturação deste livro foi como apreender as ontologias subjacentes às grandes ideologias do século xx. Karl Mannheim foi pioneiro em ressaltar a importância desse ponto, mas suas indicações metodológicas ficaram aquém do desejável: preso às raízes marxistas de sua juventude, ele se limitou a explorar a classe social e a época histórica como dois tipos de base social subjacentes aos sistemas de pensamento. Em 1932, apenas três anos após a publicação do *Ideologia e utopia* de Mannheim, num curto trecho de seu livro *Estado democrático e Estado autoritário*, Franz Neumann fez uma sugestão instigante e bem próxima da noção de elementos cognitivos ou *templates* que eu procurava. Foi-me de grande valia sua sugestão de interpretar certos conceitos centrais dos diferentes sistemas filosóficos como "atitudes em relação ao poder político".[2] Contribuíram também os trabalhos de Laqueur e Mosse (1966) e Lichtheim (1967).

2. Eis alguns de seus exemplos: "Para Platão e Aristóteles, o poder político é mais que uma função separada da comunidade organizada: é a própria comunidade. O cidadão somente pode se realizar como homem através da ação política. À visão platônica e aristotélica contrapõe-se radicalmente a posição agostiniana, para a qual a política é essencialmente um mal; todo poder é mau em sua origem e finalidade. Do ponto de vista das consequências psicológicas, o epicurismo mantém uma íntima relação com o anarquismo: a sociedade é um bem, mas o poder político é um mal. O objetivo último é, pois, organizar uma sociedade sem política".

Decisiva, porém, para a elaboração do capítulo 2 foi a figura do "paradoxo de Mannheim" proposta por Clifford Geertz. Nas pegadas de Mannheim, ele ressaltou que a teoria, em suas diversas variantes, instaurara um relativismo generalizado; toda inquinação de um dado conjunto de ideias como "ideológico" podia ser facilmente invertida, sendo a própria inquinação imputada ao modo de pensar estreito, aos interesses ou à própria posição de classe de quem primeiro a enunciou. Com o paradoxo de Mannheim, ele radicalizou a premissa central do conceito de ideologia, reduzindo-o ao absurdo de um *pan-ideologismo*: se tudo é ideologia, nada é ideologia.

Aplicado à centenária controvérsia sobre as "ideias fora do lugar", o "paradoxo de Mannheim" significa que o marxismo, ao se arrogar um suposto conhecimento do devir histórico, se transforma ele mesmo numa parte da bruma ideológica que originalmente se propusera desvelar. Foi nessa perspectiva que reexaminei o historicismo (ou o entendimento historicista da história) subjacente às críticas marxistas à "importação" de ideias liberais pelas elites das periferias coloniais — detendo-me, é claro, no caso brasileiro. Da "inautenticidade" de tais ideias, o marxismo e também o protofascismo sempre pretenderam extrair uma sentença condenatória contra a "democracia burguesa", declarando-a de antemão inviável. Para essa discussão, a referência sine qua non é, naturalmente, o ensaio "As ideias fora do lugar", de Roberto Schwarz.

3. IDENTIDADE, RECRIAÇÃO E PURIFICAÇÃO

Para o tema do terceiro capítulo, o nome fundamental sem dúvida foi Rousseau. O rousseaunismo, o Romantismo e as doutrinas políticas nas quais eles influíram de forma decisiva, notadamente o anarquismo e o marxismo, devem ser estudados no contexto do amplo movimento de ideias literárias, filosóficas e religiosas que se constituiu em reação à Revolução Francesa, bem como do que denominei protofascismo. Sobre a reação à Revolução, o clássico parece-me ser ainda Artz (1934); sobre o anarquismo, vale a pena conhecer a obra de William Godwin (1792, 2013), considerado o fundador de tal corrente, e Joll (1964), para uma visão de conjunto de sua evolução até o século xx. O protofascismo é objeto de um minucioso estudo de Gregor (1969). Embora sua abordagem seja um pouco diferente, Mitzman (1970, pp. 6-10) ajuda a compreender o sentido histórico-político do Romantismo e sua dívida em relação a Rousseau. Refletindo sobre a formação da sociologia no quadro da cultura ocidental moderna, ele distingue dois tipos de personalidade, correspondentes a dois ideais de sociedade. A personalidade fáustica (que também designei como futurista e prometeica), proeminente durante os últimos quinhentos anos da história ocidental, trabalha incessantemente para expandir o poder da vontade individual, objetivando experimentar o mundo da natureza e do homem com a máxima intensidade, combatê-lo com o máximo de heroísmo, conhecê-lo com o máximo de inteligência e dominá-lo com a máxima determinação — esse tipo compreende o Dioniso de Nietzche e o Fausto de Goethe. No polo oposto, temos a personalidade apolínea, que não procura dominar e sim se reconciliar com a natureza, especialmente com sua própria natureza. Os indivíduos desse tipo são espontâneos, não calculistas, sensíveis sobretudo às exigências de gratificação espiritual e física que lhes fazem seu universo psicológico. A concepção do homem ingênuo de Schiller, o anseio pietista por uma comunidade de amor, a noção romântica de uma fraternidade baseada numa comunhão com o Estado ou a nação, todas essas criações antecipam a concepção da "vontade orgânica" (*Wesenville*) de Toennies; nutrindo-se na seiva da comunidade costumeira, essa vontade não se relaciona com outras vontades tendo em vista algum ganho calculado, mas somente para a satisfação direta de necessidades básicas que elas possam trazer à psique.

Meu enfoque no capítulo 3, mais interessado em identificar interfaces das ideias dos séculos XVIII e XIX com as grandes ideologias do século XX, deve mais a Aron (1955), Talmon (1970), Bloom (1996) e Yack (1992). Esses autores têm em comum, além da crítica epistemológica ao holismo e ao historicismo, um forte questionamento do mito da bondade natural do homem e da perfectibilidade, que deságuam numa visão tipicamente milenarista, ou seja, na crença escatológica em que o final da história será um paraíso terreno, um tempo secular de redenção humana. Essa idealização radical da natureza humana, que tem Rousseau entre seus principais originadores, reaparece com ares de ciência no marxismo, com sua postulação de um processo histórico inexoravelmente conducente à "sociedade sem classes". Eis alguns dos paradoxos de Rousseau: 1) *profeta da individualidade*, da vida privada mas também da comunidade e do sentimento nacional, ele se situa na origem dos totalitarismos de esquerda e de direita, que levaram a supressão do indivíduo a extremos nunca vistos (Talmon, 1970); 2) *profeta da sinceridade e da transparência* (Bloom, 1996), tem uma boa parte de responsabilidade na criação da mística tantas vezes mentirosa do artista como intérprete da sensibilidade e das necessidades sociais, ou seja, do artista de esquerda como uma figura carismática, sempre pronta a levar água a moinhos autoritários ou totalitários; de fato, a imagem romântica do artista como um portador privilegiado da sensibilidade social, que geralmente leva a uma postura de esquerda ou revolucionária, tem origem em Rousseau — ou, mais amplamente, na crítica da "sociedade burguesa" que ele personificou pioneiramente e com inexcedível agudeza; 3) *socialmente progressista*, contribuiu, ainda que obliquamente, para a formação de certos movimentos revolucionários quanto aos meios (a disposição de recorrer à violência), mas reacionários no que tocava ao conteúdo e à postura antimoderna, dos quais o integralismo brasileiro é um bom exemplo (ver Trindade, 1974).

De fato, o romantismo político envolve uma tendência antiliberal e uma marcada hostilidade à democracia representativa; é anti-institucionalista, perfectibilista e escatológico. A mente romântica é totalmente avessa à percepção liberal do universo político como um sistema fundado numa poliarquia (uma pluralidade de centros de poder) e em equilíbrios institucionais (freios e contrapesos).

Embora as correntes de pensamento acima mencionadas tenham em comum o mito revolucionário, a crença num paraíso terreno e a aceitação da violência como parteira de uma transformação total da sociedade, não se deve confundi-las com o terrorismo inspirado no fundamentalismo islâmico. Este, que começou a se difundir nos anos 1950, tornou-se conhecido como uma ameaça ao mundo inteiro a partir do Onze de Setembro (ataque da Al-Qaeda às Torres Gêmeas de Nova York) e dos numerosos atentados executados na Europa pelo chamado Estado Islâmico. O fanatismo que o caracteriza nada tem de secular. As ideias que encarna resultam de um entendimento milenarista de cânones religiosos estabelecidos por Maomé: a predestinação islâmica a se tornar um império universal (Hintze, 1938, p. 34), ou seja, fadado a uma expansão indefinida; o dever do islamita de recorrer à violência em nome da fé; e o paraíso, representado como um grande jardim, como recompensa aos mártires. A esses três pontos, Lewis (1983) acrescenta uma observação decisiva: inquirir sobre a relação entre democracia e islamismo é uma tarefa que pode passar ao largo do radicalismo fundamentalista. Os grupos terroristas nada têm de potencialmente democrático, nem sequer usam o termo *democracia*. A questão, diz o autor, "é se a democracia liberal é compatível com o islamismo propriamente dito" (p. 89). Com poucas variações, as instituições democráticas ocidentais incluem algum tipo de conselho ou assembleia nos quais representantes participam na formação, nas políticas e por vezes na substituição dos governos. A visão islâmica da boa ordem política situa-se no antípoda dessa concepção ocidental. Seus princípios fundamentais são hierárquicos, teocráticos e intensamente pessoais, em total contraposição à noção ocidental de colegiados e órgãos coletivos. Como não podia deixar de ser, a literatura sobre o terrorismo em geral e sobre o fundamentalismo islâmico em particular vem se agigantando rapidamente. Como background histórico, sugiro os trabalhos de Lewis (1988, 1993a/b e 1995), Fromkin (1989) e Naipaul (1982); para os acontecimentos desde a Segunda Guerra Mundial, Wilkinson (1979), Charfi (1998), Filali-Ansari (1999) e Wright (2007).

4. CONCEITO DE DEMOCRACIA

Em trabalhos anteriores, argumentei que a formação e a consolidação das democracias em perspectiva histórica poderiam ser proveitosamente estudadas através de um gráfico cartesiano que tivesse como vetor vertical a institucionalização do subsistema representativo e como vetor horizontal a pluralidade que se constitui mediante um prolongado processo de desconcentração ou "descompactação" do poder e das estruturas socioeconômicas. Um sistema político que se aproxime do limite puramente institucional, seja qual for o nível de demandas e de conflito social, bem merece o apelido de "meramente formal". Um que se incline na direção contrária com certeza não persistirá por muito tempo, pois cederá à sedução de algum populismo ou "movimentismo", como bem exemplifica a experiência peronista argentina.

A ilustração mais simples dessa afirmação é a Europa Ocidental, onde a quebra do império carolíngio resultou no feudalismo, facilitando o trânsito para as constituições representativas. Onde não houve feudalismo e sim patrimonialismo, verificou-se o oposto. Em tais casos, um poder de Estado permanentemente concentrado sufocou no nascedouro parcelas sociais potencialmente autônomas — o setor econômico privado, desde logo —, dificultando a formação da democracia mesmo ali onde o requisito plebiscitário foi atendido, com a formação de grandes eleitorados e de toda uma maquinaria eleitoral. Constituiu-se, assim, uma democracia aparentemente pujante, quando observada pelo prisma plebiscitário, mas na verdade anêmica, quando o foco recai sobre o quantum efetivo de influência que as "partes" conseguem exercer sobre a burocracia pública; disso, o Brasil é um exemplo quiçá insuperável.

Esse argumento reformula o sugerido por Dahl (1974) e complementa a conceituação da democracia proposta por Janowitz & Marvick, na medida em que se baseia em elementos sociológicos estruturais amplos, levando em conta não só o *pressure system* (os grupos de interesse já presentes na arena política), mas toda a etiologia social das pressões. O crescimento econômico, por exemplo, diversifica os interesses na sociedade, inclusive, em certos casos, de uma forma contraintuitiva, ao aumentar a desigualdade medida pelo Índice de Gini, como vem ocorrendo na China. Minha ênfase conserva, pois, a perspectiva institucional, pondo em relevo a *institucionalização de um subsistema representativo*, mas dilata-a no sentido de uma sociologia política clássica, na linha originariamente avançada por Stein Rokkan e Lipset, entre outros. Sobre determinantes estruturais da durabilidade das democracias, ver Przeworski et al. (1995 e 2000); sobre a suposta crise da democracia representativa, a excelente análise de Machado (2015).

Bibliografia geral

ALBUQUERQUE, Manoel Maurício de. *Pequena história da formação social brasileira*. Rio de Janeiro: Graal, 1981.
ALMEIDA, Maria Hermínia Tavares de. "O sindicalismo brasileiro entre a conservação e a mudança". In: SORJ, Bernardo; ALMEIDA, Maria Hermínia Tavares de (Orgs.). *Sociedade e política no Brasil pós-64*. São Paulo: Brasiliense, 1983.
AMARAL, Azevedo. *O Estado autoritário e a realidade nacional*. Rio de Janeiro: José Olympio, 1938.
ARON, Raymond. *L'Opium des intellectuels*. Paris: Calmann-Lévy, 1955.
ARTZ, Frederick B. *Reaction and Revolution: 1814-1832*. Nova York: Harper Torchbooks, 1934.
AUDARD, Cathérine. *Qu'est-Ce que le Libéralisme?: Éthique, politique, société*. Paris: Gallimard, 2009.
AVELAR, Lúcia; CINTRA, Antonio Octávio. *Sistema político brasileiro: Uma introdução*. Rio de Janeiro: Fundação Konrad-Adenauer; São Paulo: Unesp, 2015.
BACON, Francis. *Novum Organum: Or True Suggestions for the Interpretation of Nature*. Nova York: Forgotten Books, 2012.
BARBOSA, Rui. *Escritos e discursos seletos*. Rio de Janeiro: Nova Aguilar, 1995.
BECKER, Carl L. *The Declaration of Independence: A Study in the History of Ideas*. Nova York: Vintage Book, 1922.
BEETHAM, David. *Max Weber and the theory of modern politics*. Cambridge: Basil Blackwell, 1985.
BLOOM, Allan. *Amor & amizade*. São Paulo: Mandarim, 1996.

BRACHER, Karl Dietrich. *The German Dictatorship*. Nova York: Praeger, 1970.
BREINER, Peter. *Max Weber and Democratic Politics*. Nova York: Cornell University Press, 1996.
BURKE, Edmund. *Reflections on the Revolution in France*. Nova York: Doubleday, 1961.
CARDOSO, Fernando Henrique. *A arte da política: A história que eu vivi*. Rio de Janeiro: Civilização Brasileira, 2006.
_____. *Pensadores que inventaram o Brasil*. São Paulo: Companhia das Letras, 2013.
CARSTAIRS, Andrew McLaren. *A Short History of Electoral Systems in Europe*. Londres: George Allen & Unwin, 1980.
CARVALHO, José Murilo de. *A construção da ordem*. Rio de Janeiro: Civilização Brasileira, 2003.
_____. *Teatro de sombras*. Rio de Janeiro: Civilização Brasileira, 2003.
CASSIRER, Ernst. *The Myth of the State*. New Haven: Yale University Press, 1946.
CERRONI, Umberto et al. *Teoria marxista del partido político*. Córdoba: Ediciones Pasado y Presente, 1973.
CHARFI, Mohamed. *Islam et liberté: Le malentendu historique*. Paris: Albin Michel, 1998.
CINTRA, Antônio Octávio. "A função política no Brasil colonial". Belo Horizonte: *Revista Brasileira de Estudos Políticos*, Belo Horizonte, n. 18, 1965.
_____. "A política tradicional brasileira: Uma interpretação das relações entre o centro e a periferia". In: BALÁN, Jorge (Org.). *Centro e periferia no desenvolvimento brasileiro*. São Paulo: Difel, 1974.
CONQUEST, Robert. *The Harvest of Sorrow: Soviet Collectivisation and the Terror-Famine*. Nova York: Oxford University Press, 1986.
CONVERSE, Philip. "The Nature of Belief Systems in Mass Publics". In: APTER, David (Org.). *Ideology and Discontent*. Nova York: The Free Press, 1964.
CORBISIER, Roland. *Formação e problema da cultura brasileira*. Rio de Janeiro: Iseb, 1958.
_____. "O problema nacional brasileiro: Pressupostos, existência e definição". *Revista Civilização Brasileira*, Rio de Janeiro, ano 1, n. 7, 1966.
CUNHA, Pedro Otávio Carneiro da. "A fundação de um império liberal". In: HOLANDA, Sérgio Buarque de. *História geral da civilização brasileira: O Brasil monárquico*, t. 2, v. 1. São Paulo: Difel, 1982.
DAHL, Robert. *Polyarchy: Participation and Opposition*. New Haven: Yale University Press, 1974.
DEUTSCHER, Isaac. *Trótski: O profeta armado, 1879-1921*. Rio de Janeiro: Civilização Brasileira, 2005a.

DEUTSCHER, Isaac. *Trótski: O profeta desarmado, 1921-1929*. Rio de Janeiro: Civilização Brasileira, 2005b.

_____. *Trótski: O profeta banido, 1929-1940*. Rio de Janeiro: Civilização Brasileira, 2006.

DIKÖTTER, Frank. *Mao's Great Famine: The History of China's Most Devastating Catastrophe, 1958-1962*. Nova York: Walker Publishing, 2010.

DOMÍNGUEZ, Jorge I.; JONES, Anthony. *The Construction of Democracy: Lessons from Practice and Research*. Baltimore: The Johns Hopkins University Press, 2007.

D'ORAZIO, Ettore. *La fisiologia del parlamentarismo in Italia*. Turim: Società Tipografico-Editrice Nazionale, 1911.

ECONOMIST INTELLIGENCE UNIT. *Democracy in an Age of Anxiety*. Londres: The Economist Group, 2016.

FAORO, Raymundo. *Os donos do poder*. Porto Alegre: Globo, 1958.

FILALI-ANSARI, Abdon. "Muslims and Democracy". *Journal of Democracy*, v. 10, n. 3, 1999.

FRANCO, Affonso Arinos de Mello. *O índio brasileiro e a teoria da bondade natural*. Rio de Janeiro: José Olympio, 1937.

FROMKIN, David. *A Peace to End All Peace: The Fall of the Ottoman Empire and the Creation of the Modern Middle East*. Nova York: Avon Books, 1989.

GEERTZ, Clifford E. "Ideology as a Cultural System". In: APTER, David (Org.). *Ideology and Discontent*. Nova York: The Free Press, 1964.

GELLNER, Ernest. *Encounters with Nationalism*. Oxford: Blackwell, 1994.

GERTH, Hans; MILLS, Wright. *From Max Weber*. Nova York: Oxford University Press, 1958.

GODWIN, William. *An Enquiry Concerning Political Justice*. Oxford: Oxford University Press, 2013.

GRAMSCI, Antonio. *Maquiavel, a política e o Estado*. Rio de Janeiro: Civilização Brasileira, 1968.

GREGOR, A. James. *The Ideology of Fascism: The Rationale of Totalitarianism*. Nova York: The Free Press, 1969.

HINTZE, Otto. "Las condiciones histórico-universales de la Constitución representativa". In: *Historia de las Formas Políticas*. Madri: Revista de Occidente, 1987. [Original em alemão, 1938.]

HIRSCHMANN, Albert O. *A retórica da intransigência*. São Paulo: Companhia das Letras, 1991.

HOFSTADTER, Richard. *The Idea of a Party System: The Rise of Legitimate Opposition in the United States, 1780-1840*. Los Angeles: University of California Press, 1969.

HOLMES, Stephen. *The Anatomy of Antiliberalism*. Cambridge: Harvard University Press, 1996.
HUNTINGTON, S. P. "Conservatism as an ideology". *American Political Science Review*, v. LI, pp. 454-73, jun. 1957.
_____. *The Third Wave of Democracy: Democratization in the Late Twentieth Century*. Norman: The University of Oklahoma Press, 1991.
IBGE. "Resultados eleitorais". *Estatísticas históricas do Brasil*. Rio de Janeiro: Instituto Brasileiro de Geografia e Estatística, 1990.
IGLÉSIAS, Francisco. "Jackson de Figueiredo: um estudo sobre o pensamento reacionário". *Revista Brasileira de Ciências Sociais*, Belo Horizonte, 1962.
JANOWITZ, Morris; MARVICK, Dwaine. "Competitive Pressure and Democratic Consent". *Public Opinion Quarterly*, v. 19, n. 4, pp. 381-400, 1955.
JOLL, James. *Anarquistas e anarquismo*. Lisboa: Dom Quixote, 1964.
KOLAKOWSKI, Leszek. "Stalinism versus Marxism?". In: TUCKER, Robert C. *Stalinism: Essays in Historical Interpretation*. Nova York: W.W. Norton & Co., 1977.
KORSCH, Karl. *Marxism and Philosophy*. Nova York: Monthly Review Press, 1970.
KRIEGER, Leonard. *The German Idea of Freedom: History of a Political Tradition, from the Reformation to 1871*. Chicago: Chicago University Press, 1957.
LADURIE, Emmanuel Le Roy. *Histoire des Paysans Français : De la Peste Noire à la Révolution*. Paris: Seuil, 2002.
LAFER, Celso. *A reconstrução dos direitos humanos: Um diálogo com o pensamento de Hannah Arendt*. São Paulo: Companhia das Letras, 1988.
LAMOUNIER, Bolívar. "Formação de um pensamento político autoritário na Primeira República: Uma interpretação". In: FAUSTO, Boris (Org.). *História geral da civilização brasileira*, t. 3, v. 2. São Paulo: Difel, 1974.
_____. "Brasil autoritário revisitado: o impacto das eleições sobre a abertura". In: STEPAN, Alfred (Org.). *Democratizando o Brasil*. Rio de Janeiro: Paz e Terra, 1988.
_____. *Rui Barbosa e a construção institucional da democracia brasileira*. Rio de Janeiro: Nova Fronteira; Fundação Casa de Rui Barbosa, 1999.
_____. *Da Independência a Lula: Dois séculos de história política brasileira*. São Paulo: Augurium, 2005.
_____. *Tribunos, profetas e sacerdotes: Intelectuais e ideologias no século XX*. São Paulo: Companhia das Letras, 2014.
_____. "O que é que se constrói quando se constrói a democracia". In: AVELAR, Lúcia; CINTRA, Antonio Octávio (Orgs.). *Sistema político brasileiro: Uma introdução*. Rio de Janeiro: Fundação Konrad-Adenauer; São Paulo: Unesp, 2015.

LANE, Robert. *Political Life: Why the American common men believes what he does*. Nova York: The Free Press, 1959.

LAQUEUR, Walter; MOSSE, George L. "The Left-Wing Intellectuals Between the Wars, 1919-1939". *Journal of Contemporary History*, n. 2. Nova York: Harper & Row, 1966.

LASSWELL, Harold D. *Psychopathology and Politics*. Chicago: Chicago University Press, 1977.

LÊNIN, Vladimir I. *The State and the Revolution*. Nova York: International Publishers, 1971.

LEWIS, Bernard. *The Political Language of Islam*. Chicago: The Chicago University Press, 1988.

_____. "Islam and Liberal Democracy". *Atlantic Monthly*, n. 271, Boston, 1993a.

_____. *Islam and the West*. Nova York: Oxford University Press, 1993b.

_____. *The Middle East : A Brief History of the Last 2000 Years*. Nova York: Scribner and Sons, 1995.

LICHTHEIM, George. *The Concept of Ideology and Other Essays*. Nova York: Vintage Books, 1967.

LILLA, Mark. *The Reckless Mind: Intellectuals in Politics*. Nova York: New York Review of Books, 2001.

LINZ, Juan. "An Authoritarian Regime: Spain". In: ALLARDT, E.; LITTUNEN, Y. *Cleavages, Ideologies and Party Systems*. Helsinque: Westermark Society, 1964.

_____. "The future of an authoritarian situation or the institutionalization of an authoritarian regime: the case of Brazil". In: STEPAN, Alfred (Org.). *Authoritarian Brazil*. New Haven: Yale University Press, 1973.

_____. "Totalitarian and Authoritarian Regimes". In: GREENSTEIN, Fred; POLSBY, Nelson (Org.). *Handbook of Political Science*, v. 3. Reading, Mass.: Addison-Wesley Publishing Company, 1975.

LINZ, Juan; STEPAN, Alfred (Orgs.). *The Breakdown of Democratic Regimes*. Baltimore: The Johns Hopkins University Press, 1978.

LIPSET, Seymour M. *Political Man: The Social Bases of Politics*. Ed. atual. e ampl. Baltimore: The Johns Hopkins University Press, 1994.

LUKÁCS, Georg. *Histoire et Conscience de Classe*. Paris: Les Éditions de Minuit, 1960.

_____. *Lénine*. Paris: Études et Documentation Internationales, 1965.

LUXEMBURGO, Rosa. *Selected Political Writings*. Nova York: Monthly Review Press, 1971.

MACHADO, Mário Brockmann. "A falsa crise da democracia representativa". *Insight Inteligência*, Rio de Janeiro, ano XVIII, n. 69, abr.-jun. 2015.

MANNHEIM, Karl. *Ideology and Utopia*. Nova York: Harvest Books, 1929.

_____. "El pensamiento conservador". In: MANNHEIM, Karl. *Ensayos sobre Sociología y Psicología Social*. Cidade do México: Fondo de Cultura Económica, 1963. [Original em inglês publicado por Routledge & Kegan Paul, Londres, 1953.]

MARSHALL, Thomas Humphrey. "Cidadania e classe social". In: _____. *Cidadania, classe social e status*. Rio de Janeiro: Zahar, 1967, pp. 57-114.

MARTIN, Kingsley. *French Liberal Thought in the Eighteenth Century*. Nova York: Harper Torchbooks, 1962.

MARX, Karl; ENGELS, Frederick. *Letters to Americans, 1848-1895*. Nova York: International Publishers, 1953.

_____. *The Civil War in the United States*. New York: The Citadel Press; International Publishers, 1961.

_____. *On Colonialism and Modernization*. Org. de Shlomo Avineri. Nova York: Doubleday-Anchor Books, 1969.

_____. *The German Ideology*. Org. de C. J. Arthur. Nova York: International Publishers, 1970.

_____. *Anarchism & Anarcho-Syndicalism: Selected Writings by Marx-Engels-Lenin*. Nova York: International Publishers, 1972.

MENCKEN, H. L. *A New Dictionary of Quotations on Historical Principles from Ancient & Modern Sources*. Nova York: Alfred A. Knopf, 1989.

MERQUIOR, José Guilherme. *Foucault: Ou o nihilismo de cátedra*. Rio de Janeiro: Nova Fronteira, 1985.

_____. *Liberalismo: Antigo e moderno*. Rio de Janeiro: Editora Realizações, 1991.

MILLER, Martin A. *Freud and the Bolsheviks: Psychoanalysis in Imperial Russia and the Soviet Union*. New Haven: Yale University Press, 1998.

MITZMAN, Arthur. *Sociology and Estrangement: Three Sociologists of Imperial Germany*. Nova York: Alfred Knopf, 1970.

MONTEFIORE, Simon Sebag. *Stálin: A corte do czar vermelho*. São Paulo: Companhia das Letras, 2003.

MONTESQUIEU. "De L'Esprit des Lois". In: *Oeuvres Complètes*. Paris: Éditions Gallimard, 1949.

MYRDAL, Gunnar. *An American Dilemma: The Negro Problem and American Democracy*. New Brunschwick: Transaction Publishers, 2009.

NAIPAUL, V. S. *Among the Believers: An Islamic Journey*. Nova York: Vintage Books, 1982.

NEUMANN, Franz. *Estado democrático e Estado autoritário*. Rio de Janeiro: Zahar, 1969.

NICOLAU, Jairo Marconi. *História do voto no Brasil*. Rio de Janeiro: Zahar, 2002.
NOHLEN, Dieter (Org.). *Elections in the Americas: A Data Handbook*. Oxford: Oxford University Press, 2005.
NUNES LEAL, Victor. *Coronelismo, enxada e voto*. 5. ed. São Paulo: Alfa-Ômega, 1986. [Ed. orig.: Rio de Janeiro: Forense, 1948.]
OAKESHOTT, Michael. "Political Education". In: LASLETT, Peter (Org.). *Philosophy, Politics and Society*. Oxford: Oxford University Press, 1965.
OLIVEIRA VIANNA, J. F. *Instituições políticas brasileiras*. São Paulo: Edusp; Itatiaia, 1987. [Ed. orig.: 1950.]
OLSON JR., Mancur. *The Logic of Collective Action*. Nova York: Schocken Books, 1968.
PALMER, R. R. *Twelve Who Ruled. The Year of the Terror in the French Revolution*. Princeton: Princeton University Press, 1989.
PASTERNAK, Boris. *O doutor Jivago*. Belo Horizonte: Saraiva, 1984.
PINTO, Álvaro Vieira. *Consciência e realidade nacional*. Rio de Janeiro: Iseb, 1960. 2 v.
PLEKHANOV, George. *O papel do indivíduo na história*. São Paulo: Expressão Popular, 2000.
POPPER, Karl. *A sociedade aberta e seus inimigos*. São Paulo: Edusp, 1974. 2 v.
_____. *La miseria del historicismo*. Madri: Taurus; Alianza Editorial, 1984.
PRZEWORSKI, Adam et al. "Economic and Institutional Conditions of the Durability Of Democracy, 1950-1990". In: *International Conference on Consolidating Third Wave Democracies: Trends and Challenges*. Taipei, Taiwan: Institute for National Policy Research and International Forum for Democratic Studies, 27-30 ago. 1995.
_____. *Democracy and Development: Political Institutions and Well-Being in the World, 1950-1990*. Cambridge: Cambridge University Press, 2000.
RADKAU, Joachim. *Max Weber: A Biography*. Cambridge: Polity Press, 2011.
RICE, James. *Freud's Russia: National Identity in the Evolution of Psychoanalysis*. New Brunschwick: Transaction Publishers, 1993.
RODRIGUES, José Honório; RODRIGUES, Leda Boechat. *O Parlamento e a evolução nacional*. Brasília: Senado Federal, 1972.
RODRIGUES, Leôncio Martins. "O PCB: Os dirigentes e a organização". In: FAUSTO, Boris (Org.). *O Brasil Republicano, 1930-1964*, t. 3, v. 3. São Paulo: Difel, 1981.
_____. *Partidos e sindicatos: Escritos de sociologia política*. São Paulo: Ática, 1990.
_____. *Partidos, ideologia e composição social: Um estudo das bancadas partidárias na Câmara Federal*. São Paulo: Edusp, 2002.
_____. *Mudanças na classe política brasileira*. São Paulo: Publifolha, 2006.

RODRIGUES, Leôncio Martins. *Destino do sindicalismo*. São Paulo: Edusp, 2009.

RODRIGUES, Leôncio Martins; DE FIORE, Ottaviano. *Capitalismo de Estado e burocracia*. São Paulo: Perspectiva,1978.

ROUSSEAU, Jean-Jacques. *Du Contrat Social: Écrits Politiques*. Paris: Gallimard, 1964.

SADEK, Maria Tereza. *A Justiça Eleitoral e a consolidação da democracia no Brasil*. São Paulo: Fundação Konrad Adenauer, 1995.

_____ (Org.). *Justiça e cidadania no Brasil*. São Paulo: Sumaré, 2000.

SALOMONE, William A. *Italy in the Giolittian Era: Italian Democracy in the Making, 1960-1914*. Filadélfia: University of Pennsylvania Press, 1960.

SARTRE, Jean-Paul. *Critique de la raison dialectique*. Paris: PUF, 1960.

SCHAMA, Simon. *Citizens: A Chronicle of the French Revolution*. Nova York: Vintage Books, 1989.

SCHATTSCHNEIDER, Elmer Eric. *The Semi-sovereign People: A Realist's View of Democracy in America*. Nova York: Holt, Rinehart and Winston, *1960*.

SCHMITT, Carl. *La Notion de politique*. Paris: Calman-Lévy, 1972.

_____. *Parlementarisme et démocratie*. Paris: Éditions du Seuil, 1988.

SCHUMPETER, Joseph A. *Capitalismo, socialismo e democracia*. Rio de Janeiro: Fundo de Cultura, 1961.

SCHWARTZMAN, Simon. *Bases do autoritarismo brasileiro*. Campinas: Unicamp, 2015.

SCHWARZ, Roberto. "As ideias fora do lugar". In: _____. *Ao vencedor as batatas*. São Paulo: Duas Cidades; Ed. 34, 2000 (Coleção Espírito Crítico).

_____. *Martinha versus Lucrécia*: Ensaios e entrevistas. São Paulo: Companhia das Letras, 2012.

SENNA, José Júlio. *Os parceiros do rei: Herança cultural e desenvolvimento econômico no Brasil*. Rio de Janeiro: Topbooks, 1995.

SOREL, Georges. *Reflections on Violence*. Nova York: Collier Books, 1961.

SORJ, Bernardo; FAUSTO, Sérgio (Orgs.). *Ativismo político em tempos de internet*. São Paulo: Edições Plataforma Democrática, 2016.

SOUZA, Amaury; LAMOUNIER, Bolívar. "Governo e sindicatos no Brasil: a perspectiva dos anos 80". In: *Revista Dados*, v. 24, n. 2, Rio de Janeiro, 1981.

SOUZA, Maria do Carmo Campello de. "O processo político-partidário na Primeira República". In: MOTA, Carlos Guilherme (Org.). *Brasil em perspectiva*. São Paulo: Difel, 1971.

_____. *Estado e partidos políticos no Brasil, 1930-1964*. São Paulo: Alfa-Ômega, 1976.

TALMON, J. L. *The Origins of Totalitarian Democracy*. Nova York: The Norton Company, 1970.

TOCQUEVILLE, Alexis de. *Democracy in America*. Nova York: Vintage Books, 1954.

_____. *The Old Regime and the French Revolution*. Nova York: Anchor Books, 1983.

TORRES, Alberto. *O problema nacional brasileiro*. 3. ed. São Paulo: Companhia Editora Nacional, 1938.

TRINDADE, Hélgio. *Integralismo: O fascismo brasileiro na década de 30*. São Paulo: Difel, 1974.

TUCKER, D. F. B. *Marxismo e individualismo*. Rio de Janeiro: Zahar, 1983.

TUCKER, Robert C. *Stalin as Revolutionary, 1879-1929*. Nova York: Norton, 1973.

_____ (Org.). *Stalinism: Essays in Historical Interpretation*. Nova York: Norton, 1977.

URICOECHEA, Fernando. *O minotauro imperial*. São Paulo: Difel, 1978.

VOLPICELLI, Arnaldo. "I fondamenti ideali del corporativismo", *Nuovi Studi*, fasc. III-IV, Florença, 1930, pp. 161-72. In: SPIRITO, Ugo. *Il Corporativismo*. Florença: G. C. Sansoni, 1970, pp. 465-77.

WALLAS, Graham. *Human Nature in Politics*. Londres: Constable & Company, 1908.

WEBER, Max. *Economía y Sociedad*. México: Fondo de Cultura Económica, 1944. [Orig. em alemão de 1922.]

_____. *On Law in Economy and Society*. Org. de Max Rheinstein. Nova York: Clarion Books; Simon and Schuster, 1967.

_____. "Politics as a Vocation". In: GERTH, Hans; MILLS, Wright. *From Max Weber*. Nova York: The Free Press, 1968. [Orig. em alemão de 1919.]

WEFFORT, Francisco C. *Formação do pensamento político brasileiro: Ideias e personagens*. São Paulo: Ática, 2006.

WILKINSON, Paul. *Terrorism and the Liberal State*. Nova York: New York University Press, 1979.

WILLIAMS, Raymond. *Culture and Society, 1780-1950*. Nova York: Harper & Row, 1958.

WOLFENSTEIN, E. Victor. *The Revolutionary Personality: Lenin, Trotsky and Gandhi*. Princeton: Princeton University Press, 1967.

WRIGHT, Lawrence. *O vulto das torres: A Al-Quaeda e o caminho até o 11/09*. São Paulo: Companhia das Letras, 2007.

YACK, Bernard. *The Longing for Total Revolution: Philosophical Sources of Social Discontent from Rousseau to Marx and Nietzsche*. Los Angeles: University of California Press, 1992.

Índice onomástico

Achard, Diego, 109
Agostinho, Santo, 124
Albuquerque, Manoel Maurício de, 56-7
Alencar, José de, 78
Almeida, Maria Hermínia Tavares de, 100
Amaral, Azevedo, 79, 91-2, 119
American Dilemma: The Negro Problem and Modern Democracy, An (Myrdal), 58, 60
Aristóteles, 64, 124
Aron, Raymond, 13, 118, 127
Artz, Frederick B., 126
Assis, Machado de, 56-7
Axelrod, Robert, 38

Bacon, Francis, 12, 18-21, 27, 48, 64, 76, 83
Barbosa, Rui, 60
Becker, Carl L., 63

Bloom, Allan, 66, 127
Bonaparte, Napoleão, 122
Burke, Edmund, 67, 77

Cardoso, Fernando Henrique, 91
Carstairs, Andrew McLaren, 102
Cassirer, Ernst, 13, 118
Cerroni, Umberto, 38
Charfi, Mohamed, 129
Cidadãos: Uma crônica da Revolução Francesa (Schama), 72
Comte, Augusto, 48, 78
Conquest, Robert, 75
Converse, Philip, 42, 93, 120, 124
Corbisier, Roland, 55
Cristo, 73
Crítica da razão dialética (Sartre), 39-40
Cunha, Pedro Otávio Carneiro da, 97

D'Orazio, Ettore, 54

141

Dahl, Robert, 130
De Fiore, Ottaviano, 38
Destutt de Tracy, Antoine Louis Claude, 121-2
Deutscher, Isaac, 31, 33-4, 38, 120
Dikötter, Frank, 75
Dionísio, 126
Dostoiévski, Fiódor, 30
Durkheim, Émile, 114
Dworkin, Ronald, 29

Economist Intelligence Unit, 95
Engels, Friedrich, 36, 102, 122
Erickson, Erik, 120
Estado democrático e Estado autoritário (Neumann), 124

Faoro, Raymundo, 99
Fausto (Goethe), 126
Fausto, Sérgio, 47
Figueiredo, João, 43
Filali-Ansari, Abdon, 129
Fisiologia del parlamentarismo in Italia, La (D'Orazio), 54
Franco, Affonso Arinos de Mello, 78
Freud, Sigmund, 28, 30-3
Fromkin, David, 129

Gandhi, Mohandas, 120
Geertz, Clifford, 52-3, 123, 125
Gellner, Ernest, 117-8
Godwin, William, 126
Goethe, Johann Wolfgang von, 126
González, Luís Eduardo, 109
Goulart, João, 80
Gramsci, Antonio, 92
Gregor, A. James, 118, 126

Harvest of Sorrow, The (Conquest), 75
Hintze, Otto, 62, 128

História e consciência de classe (Lukács), 38
Hitler, Adolf, 12
Hobbes, Thomas, 21, 66
Holmes, Stephen, 118
Human Nature in Politics (Wallas), 15, 120
Huntington, S. P., 96

"Ideias fora do lugar, As" (Schwarz), 56, 125
Ideologia e utopia (Mannheim), 122-4
Iglésias, Francisco, 78
Índio brasileiro e a teoria da bondade natural, O (Mello Franco), 78

Janowitz, Morris, 85, 130
Joll, James, 126

Kinzo, Maria D'Alva, 93
Kolakowski, Leszek, 30
Korsch, Karl, 29
Krupskaia, Nadezhda, 35
Kruschev, Nikita, 35

Ladurie, Emmanuel Le Roy, 68
Lamounier, Bolívar, 59, 85, 99, 101, 118-9
Lane, Robert, 104
Laqueur, Walter, 124
Lazarsfeld, Paul, 120
Lênin, Vladimir, 28-30, 32-8, 120
Lewis, Bernard, 128-9
Lichtheim, George, 124
Lilla, Mark, 13, 118
Linz, Juan, 94, 104, 119
Lipset, Seymour M., 85, 130
Logic of Collective Action, The (Olson Jr.), 45, 121

Lukács, Georg, 29, 38, 121
Lunatcharski, Anatóli, 32
Luxemburgo, Rosa, 37-8

Machado, Mário Brockmann, 111, 130
Manifesto comunista (Marx & Engels)
Mannheim, Karl, 50, 52, 61, 122-5
Mao's Great Famine (Dikötter), 75
Maomé, 128
Marshall, Thomas Humphrey, 85
Marvick, Dwaine, 85, 130
Marx, Karl, 29-30, 36, 62, 70, 72-3, 102, 113, 122
Mello, Fernando Collor de, 47
Miller, Martin A., 32-3, 120
Miller, Warren, 120
Mitzman, Arthur, 126
Mohamad, Mahathir, 50
Montefiore, Simon Sebag, 33, 120
Montesquieu, 88-9, 106
Mosca, Gaetano, 36
Mosse, George L., 124
Mussolini, Benito, 110
Mussorsgki, Modest, 14
Myrdal, Gunnar, 58, 60, 85

Naipaul, V. S., 129
Neumann, Franz, 124
Nicolau, Jairo Marconi, 101
Nietzsche, Friedrich, 126
Nohlen, Dieter, 101
Novum Organum (Bacon), 18

Olson Jr., Mancur, 45, 47, 121

Palmer, R. R., 72
Papel do indivíduo na história, O (Plekhanov), 28-9, 119-20
Pareto, Vilfredo, 36

Pavlov, Ivan, 31-2
Pedro I, d., 97
Perón, Juan Domingo, 129
Pierce, William, 81
Pinto, Álvaro Vieira, 55
Platão, 50, 121, 124
Plekhanov, George, 29, 119
Popper, Karl, 13, 118
"Por que 'ideias fora do lugar'?" (Schwarz), 61
Prestes, Luís Carlos, 79
Przeworski, Adam, 130

Quadros, Jânio, 80
Quadros de uma exposição (Mussorgski), 14
Que fazer? (Lênin), 38

Radkau, Joachim, 28
Rawls, John, 29
Rice, James, 28, 30, 120
Robespierre, Maximilien de, 72
Rodrigues, José Honório, 97
Rodrigues, Leôncio Martins, 38, 79, 100
Rokkan, Stein, 130
Rousseau, Jean Jacques, 17, 20, 30, 62, 64-8, 70-81, 88, 91, 118-9, 125-7
Rousseff, Dilma, 43, 46, 91, 108

Sadek, Maria Tereza, 102
Saint-Simon, Conde de, 85
Sakharov, Andrei, 62
Salgado, Plínio, 79
Salomone, William A., 102
Sartre, Jean Paul, 38-40, 121
Schama, Simon, 72
Schattschneider, Elmer Eric, 88
Schiller, Friedrich, 126

Schmidt, Otto, 33
Schmitt, Carl, 118
Schumpeter, Joseph A., 36, 70, 72-3
Schwartzman, Simon, 99
Schwarz, Roberto, 56-62, 125
Scott, Walter, 67
Senna, José Júlio, 99
Shatskii, Stanislav, 33
Silva, Luiz Inácio Lula da, 91, 108
Smith, Adam, 37
Soljenítsin, Alexandre, 41, 62
Sorj, Bernardo, 47
Souza, Amaury de, 100
Stálin, Ióssif, 28, 30, 33-5, 120
"Stalinism versus Marxism?" (Kolakowski), 30
Stepan, Alfred, 94

Talmon, J. L., 28, 65, 117-9, 127
Tocqueville, Alexis de, 89
Toennies, Ferdinand, 126
Torres, Alberto, 55, 59-60, 78-9, 119
Tribunos, profetas e sacerdotes: Intelectuais e ideologias no século XX (Lamounier), 118

Trindade, Hélgio, 79, 128
Trótski, Leon, 28-34, 37, 120
Tucker, D. F. B., 29, 120
Tucker, Robert C., 33-5, 120
Twelve Who Ruled: The Year of Terror in the French Revolution (Palmer), 72

Uricoechea, Fernando, 99

Vargas, Getúlio, 51, 79, 97
Vianna, Oliveira, 55, 59, 79, 119
Volpicelli, Arnaldo, 23
Voltaire, 68

Wallas, Graham, 15-6, 120
Weber, Max, 28, 42
Wilkinson, Paul, 129
Williams, Raymond, 123
Wolfenstein, E. Victor, 28, 120
Wright, Lawrence, 129

Yack, Bernard, 20, 69, 118, 127
Yew, Lee Kuan, 50

1ª EDIÇÃO [2016] 1 reimpressão

ESTA OBRA FOI COMPOSTA EM MINION PELO ACQUA ESTÚDIO E IMPRESSA
PELA LIS GRÁFICA EM OFSETE SOBRE PAPEL PÓLEN BOLD DA SUZANO
PAPEL E CELULOSE PARA A EDITORA SCHWARCZ EM JUNHO DE 2017

A marca FSC® é a garantia de que a madeira utilizada na fabricação do papel deste livro provém de florestas que foram gerenciadas de maneira ambientalmente correta, socialmente justa e economicamente viável, além de outras fontes de origem controlada.